AF139078

LANAKILA VERLAG

Books for a spiritual world

Das Buch zum Kotzen

Das unappetitlichste Buch über Seekrankheiten seit
Erfindung der christlichen Seefahrt

Wolfgang T. Müller

Lanakila Verlag

Rechtlicher Hinweis: Dieses Buch ist kein medizinischer Ratgeber. Sie dient u.a. der Information über Selbsthilfe- und Selbstheilungsmethoden. Energetisches Heilen ersetzt nicht die Arbeit eines Arztes, Heilpraktikers oder Apothekers. Die im Buch vorgestellten alternativen Methoden sind zum Teil persönliche Erfahrungen und Empfehlungen. Die Anwendung dieser Methoden darf jedoch im keinem Falle dazu führen, eine ärztliche Behandlung abzubrechen, verordnete Medikamente abzusetzen oder die Dosis zu verändern. Die Anwendung der in diesem Buch vorgestellten Methoden geschieht auf eigenes Risiko und eigene Verantwortung. Sowohl der Verlag als auch der Autor haben nicht beabsichtigt oder beabsichtigen nicht, Diagnosen zu stellen oder Therapieempfehlungen zu geben und werden von jeglicher Haftung freigesprochen.

Die Deutsche Nationalbibliothek verzeichnet diese
Publikation in der Deutschen Nationalbibliografie;
detaillierte bibliografische Daten sind im Internet über
http://dnb.dnb.de abrufbar.
Originalausgabe

© 2015 Wolfgang T. Müller
Alle Rechte liegen beim Autor
Umschlaggestaltung: Wolfgang T. Müller
unter Verwendung eines Fotomotives
der Tech Data gmbH & Co OHG
Sonstige Fotos: Wolfgang T. Müller
Eigenverlag Lanakila Verlag / Wolfgang T. Müller

Herstellung und Verlag:
BoD – Books on Demand, Norderstedt

ISBN 978-3-7386-0797-0

www.wolfgang-theodor-mueller.com

Widmung

Dieses unappetitliche Büchlein widme ich natürlich zuallererst dem seefahrenden Volk, egal, ob Leichtmatrose, Kapitän, Kreuzfahrtdirektor, meinen Dozentenkollegen und Kolleginnen auf einem Schiff und besonders den Passagieren, ohne die eine Kreuzfahrt ja nicht stattfinden kann. Vor allem will ich aber diese Widmung meinen drei Ehefrauen in Folge, nämlich Lore, Gabriele und Silvia, schenken, die es so lange mit mir aushalten mussten und noch müssen. Insbesondere Gabriele und Silvia haben viele Kreuzfahrten mit mir gemeinsam durchgestanden und meinen oft sehr schrägen und nicht nachvollziehbaren, schwarzen Humor ertragen müssen. Sie haben alle überlebt. Bisher.

Auch wenn sich das vorher Gesagte möglicherweise gehässig anhören mag: Das ist es mitnichten. Ich bin allen diesen Herzensdamen zu sehr großem Dank verpflichtet, denn ohne sie und ohne die Erfahrungen, die ich mit ihnen machen durfte, wäre ich heute nicht der Mensch, der ich nun mal bin. Unbequem, laut, neugierig, manchmal immer noch gerechtigkeitsfana-tisch, belehrend, in der Wunde bohrend; aber auch lehrend, heilend und zuhörend. Vor allem meiner drit-ten Frau Silvia habe ich es zu verdanken, dass ich mich als etwas ganz Besonderes betrachten darf. Ich bin nun mal im Rheinland aufgewachsen und kann meine Frohnatur und meinen Standup-Comedy-Humor nicht verleugnen. Eigentlich gehöre ich in die „Bütt" – sagt man mir des Öfteren. Und das lebe ich auch au-ßerhalb des organisatorischen Karnevals auf vielen Vortragsbühnen als Lebenslehrer, Keynote-Speaker und Mentalcoach, aber auch auf deutschen Kreuz-fahrtschiffen als Dozent, wenn man mich jetzt noch drauf lässt. Und aus diesem Grunde bedanke ich mich bei allen Reedereien und deren Künstlerbetreuer für den Mut, mich als Lektor und Dozent zu engagieren. Insbesondere den Reedereien Hapag Lloyd (MS EUROPA), TransOcean (MS ASTOR und MS ASTORIA) und Phoenix Reisen (TS MAXIM GORKI, MS AMADEA, MS ARTANIA). Ich hoffe sehr, dass nach meinem Engagement und meinen Auftritten doch noch Gäste auf diesen Schiffen gebucht haben. Aber ich war auch privater Gast u.a. auf folgenden Schiffen: MS ARKONA (Seetours), MS ARMONIA (MSC), MEIN SCHIFF 1 (TUI) und einigen Flussschiffen.

Zu guter Letzt möchte ich noch die Gelegenheit nutzen, allen Menschen die mir jemals in meinem Leben begegnet sind und noch begegnen werden, dafür zu danken, dass sie alle eine Botschaft für mich dabei hatten und haben, an denen ich wachsen und reifen durfte und darf. Alle hat mir der Himmel geschickt und es waren lauter Engel. Auch wenn der eine oder andere für mich ein „Arschengel" war und auch noch ist. Ich habe meine Lektionen gelernt und ich werde dies sicherlich noch eine Weile tun.

Inhaltsverzeichnis

Einleitung

Steht eine Kreuzfahrt an? Hast Du bereits alle Informationen für ein Überleben an Bord eines Luxusliners zusammen? Glaubst Du - Du bist seefest? Könnte es Dich möglicherweise erwischen?

Genau - ich spreche von der gefürchteten Seekrankheit – oder allgemeiner: von jener Krankheit, die sich plötzlich bei außergewöhnlicher Fortbewegung einstellt: der Reisekrankheit.

Die Kreuzfahrt-Reedereien dieser Welt locken auf ihre Musikdampfer unisono mit einer Kreuzfahrt, wo man sich entspannt zurücklehnen, sich verwöhnen lassen und gleichzeitig einzigartige Sehnsuchtsziele entdecken kann.

Alles easy, alles leicht, man schwebt quasi über den Weltmeeren so dahin. Aber: In keinem der vielen Kreuzfahrt-Reisekataloge habe ich auch nur ein Sterbenswörtchen über die unangenehmste Begleiterscheinung dieser Art zu reisen gelesen.

Es wird einfach totgeschwiegen. Oder es ist sehr gut im „Kleingedruckten" versteckt und ich habe es bisher einfach nicht gefunden. Wie dem auch sei: Wenn die Reisenden erst mal auf dem Schiff sind, dann können sie ja nicht weglaufen – denkt man, und dann gibt es ja immer noch den Schiffsarzt, die salzhaltige, frische Meeresluft, fürsorgliche und sturmerprobte Mitreisende – und wenn alles nicht hilft, noch den Bordpfarrer. Und jetzt – ganz neu, gibt es auch noch diesen unentbehrlichen Ratgeber. Alles über das Kotzen auf hoher See.

Begriffsdefinition „Kotzen"

Du glaubst, es ist unanständig, ja sogar vulgär, das Wort „Kotzen" überhaupt in den Mund zu nehmen, geschweige denn, dies auch noch plakativ als Titel eines Buches zu verwenden.

Ich sage: Nein, ist es nicht!

Denn das Wort „Kotzen" ist bereits seit dem 15. Jahrhundert bezeugt und auch als „koptzen" belegt. Sicherlich, es ist ein altes Wort und vornehmer könnte man sich mit „speien" ausdrücken, salopper und umgangssprachlicher auch mit „sich übergeben" oder auch „sich erbrechen".

Wir machen nun die Begriffsbedeutung rund und fügen als Synonyme hinzu: brechen, kübeln, reihern, rückwärtsfuttern, göbeln, bröckerlhusten (für die Österreicher).

Bereits im Deutschen Wörterbuch von Jacob Grimm und Wilhelm Grimm aus dem Jahre 1838 wird sich sehr ausführlich mit dem Wort „kotzen" beschäftigt. Die weltberühmten Märchenbrüder waren nicht nur als Sammler von Märchen bekannt geworden, sondern

in ihrer Zeit noch mehr als hochangesehene Sprach-
wissenschaftler.

Als Anwendungsbeispiel für dieses uralte Wort „kotzen" zitierten sie in ihrem Lexikon eine

> *„anweisung zu einer unvernünft. erziehung*
> *der kinder"*

folgende ziemlich drastische Erziehungsmaßnahme:

> *„deswegen fütterte frau Sibylle den kleinen*
> *Adolph allemal so lange, bis er kotzete, und*
> *um recht sicher zu gehn, strich sie ihm das*
> *gekotzete auch wieder ein paarmal an, bis sie*
> *ganz gewiss wuszte dasz nichts mehr hinunter*
> *wollte. "*

Macht Spaß, oder?

Noch ein Zitat von den Märchenonkeln gefällig?

> *„ 'herr, ich wuszt nicht wo hin einsmals,*
> *darumb kotzt ich in s. Thomas kirch'. da*
> *lachet der heilig man, sprach 'lieber son,*
> *das ist alles nichts gethan, wir alle in un-*
> *serm kloster kotzen täglich darein'.*

Wenn also schon „heilige Männer", offizielle Vertreter

des lieben Gottes, in ihre eigene Kirche kübeln dürfen und das auch noch zugeben, na dann dürfen wir uns ja erst recht und ohne schlechtes Gewissen damit beschäftigen.

Wir halten also fest: Das Wort „Kotzen" ist tief verankert in unserer uralten, deutschen Sprache und ist nicht ehrenrührig, vielleicht etwas derb im Ausdruck.

Somit: Nun darfst auch Du ohne Grummeln im Bauch beruhigt weiterlesen.

Das Erbrechen spielt übrigens weltweit auch in vielen magischen bzw. ekstatischen Praktiken eine wichtige Rolle. Neben dem Wort „Kotzen" sind weitere umgangssprachliche Begriffe dafür bekannt: zum Beispiel: „Würgen" und „Sich übergeben".

Es ist schon erstaunlich, es gibt mittlerweile Millionen von Büchern auf dieser Welt, nützliche und sinnlose. Jedes - aber auch jedes - Thema wird abgehandelt und von vorne bis hinten durchgekaut. Doch wer hat sich je zu diesem auf See überlebenswichtigen Thema konzentriert in einem Ratgeber geäußert? Mir fällt dazu nur eine recht schöngeistig geschriebene kleine Kotzfibel ein, die vornehmlich für Segler im Jahre

1996 veröffentlicht wurde und nach meinen Recherchen zu diesem Büchlein nicht mehr im Buchhandel erhältlich ist. Es bleibt nun offen, darüber zu spekulieren, warum.

Mir kam die Erleuchtung zu diesem Buch während einer der unzähligen Kreuzfahrten in meiner Eigenschaft als landeskundlicher Lektor und „Tageskünstler" auf allen Meeren dieser Welt. Es traf mich plötzlich wie ein warmer, tropischer Regenguss aus heiterem Himmel. Nämlich in Form eines sich ohne Vorwarnung mit Eruptionsgewalt übergebenden Tischnachbarn, der zielsicher auf meinen halben Hummer kotzte.

Und das bei absolut stiller See – denn wir lagen noch an der Pier festgezurrt.

Der Grund seiner unangekündigten feuchtwürfeligen Aussprache war - für mein Verständnis – eine eher harmlose Diskussion in der Tischrunde über mögliche Formen und Folgen der Seekrankheit gewesen.

Vielleicht wurde das Thema doch etwas zu plastisch und ausführlich behandelt.

Womit wir mittendrin wären im Thema. Denn auch

tiefsinnige Gespräche über die drastischen Auswirkungen von Übelkeit, gepaart mit blühender Fantasie oder das intensive Beobachten anderer seekranker Passagiere kann den sofortigen Brechreiz auslösen.

Wenig tröstlich: Wer die Seekrankheit überstanden hat, sagt man, bekommt sie nie wieder.

Bei dem großen Entdecker Charles Darwin war das anders. Bei seinen Entdeckungsfahrten rund um Südamerika auf der Beagle war ihm ständig so schlecht, dass er sich im Grunde genommen durch seine Evolutionstheorie gekotzt hat. Und er hat sich sein ganzes Leben danach an Land nie wieder richtig davon erholt. Sicherlich ist das ein extremer Einzelfall.

In jedem Falle: Diese geruchsintensive, krampfartige Magenumstülpung meines bemitleidenswerten Tischgesellen brachte mich auf die geniale Idee, mein letztes Geld und alle meine bescheidenen Schreibkünste aufzubieten, um daraus den sicherlich unappetitlichsten und überflüssigsten Ratgeber der Buchgeschichte seit Erfindung des Buchdrucks herauszugeben.

Wie zu erwarten, fand sich auch kein seriöser Verleger bereit, dieses mit Vulgärausdrücken bestückte Büchlein zu verlegen oder auch nur einen Euro darin zu investieren. Was mir recht war – so konnte ich mich hemmungslos austoben und brauchte auch keinen miesepetrigen Lektor zu ertragen, der daraus womöglich noch ein schöngeistiges Buch gemacht hätte.

Bezeichnend für meinen unerschütterlichen Glauben an den Riesenerfolg dieses Büchleins war auch die totale bis entsetzte Ablehnung in meinem Freundes- und Familienkreis. Geduldig hörte man sich zwar meine von mir erzwungenen Probelesungen an, ab und zu huschte auch mal ein gequältes Lächeln über das Gesicht, man legte vorsichtshalber die Käsestulle beiseite und es wurde auch – ich glaube sogar zweimal – richtig gelacht, aber als ich damit herausrückte, daraus ein Buch und es dazu auch noch der Literaturwelt frei zugänglich zu machen, da war „Schluss mit Lustig".

„Widerlich, ekelhaft, da übergibt man sich ja schon beim Zuhören."

„Wen es noch nicht erwischt hat, der reihert spätestens bei der Lektüre deines zweifelhaften Ratgebers!"

„Muss das wirklich sein? Hast Du nichts Besseres zu

tun?"

Das waren noch die harmlosesten Kommentare zu meinen literarischen Ergüssen.

Meine damalige und jetzt nicht mehr deutsche, in Köln geborene zweite Ehefrau meinte, das ginge jetzt doch entschieden zu weit mit meinem Egotrip und verlangte noch für den nächsten Tag einen Termin beim Notar zwecks sofortiger Vereinbarung der Gütertrennung und getrennte Bankkonten. Sie zog ernsthaft in Erwägung, zusätzlich das Vormundschaftsgericht zu Rate zu ziehen, um mich auf meinen geistigen und möglicherweise nicht mehr voll geschäftsfähigen Zustand untersuchen zu lassen.

Das alles bestärkte mich jedoch geradezu in meiner Sturheit, den Bestseller des Jahrhunderts geschrieben zu haben.

Doch darüber vergingen Jahre. Meine damalige und jetzt nicht mehr Gattin bekam die Endfassung nicht mehr zu lesen. Über das Schreiben dieses nutzlosen Büchleins und meiner sturen Absicht, das Buch trotz aller Widerstände eines Tages zu veröffentlichen, sind wir irgendwann geschieden worden. Ob es hauptsächlich an diesem Manuskript lag, dass sie die Scheidung einreichte, werde ich wohl nie erfahren.

Meine danach folgende österreichische Ehefrau Nummer 3 krümmte sich jedoch vor Lachen, als ich ihr zaghaft mein für einige Zeit in der Versenkung verschwundenes Manuskript vorlas. Sie bestärkte mich in meinem Wunsch, dieses literarische Meisterwerk unbedingt zu veröffentlichen. Sie meinte, dass eine solch wichtige Information vielen Menschen möglicherweise das Leben retten könnte und ich nahezu die moralische Verpflichtung hätte, das Buch zu realisieren. Sie grinste mich dabei so spitzbübig und vielsagend an, dass ich nicht wusste, ob sie mich nun auf den Arm nehmen wollte oder es ernst meinte. Deshalb fragte ich gezielt nach.

Lapidar und mit todernster Miene meinte sie dann nur noch ergänzend, dass auch mein Buch eine Daseinsberechtigung verdient habe, würde auch nur ein einziger Leser daraus einen Nutzen für sich ziehen können. Danach habe ich darüber lange nachgegrübelt, ob meine österreichische, aus dem Gailtal (Kärnten) stammende dritte Ehefrau mehr Humor hat als meine kölsche zweite Ehefrau. Der Vollständigkeit halber und um Deiner Neugierde vorzubeugen, will ich auch noch verraten, woher meine Ehefrau Nummer Eins stammte (lang, lang ist's her): Nämlich aus der tiefen, tiefen Eifel bei Schleiden, dort wo man noch den original „German Eifel Slang" spricht. Warum sie mich nach 23 Ehejahren verlassen hat, ist eine lange Geschichte – lassen wir es lieber. Sie hat mit mir nur einmal ein Meer durchquert, soweit ich mich noch erinnern kann, nämlich auf der furchtbarsten Fährstrecke zwischen Cuxhaven und Helgoland bei richtig ruppigem Seegang und penetrantem Dieselöl-Gestank.

Aber jetzt hurtig wieder zurück zu unserem Thema. Denn sicherlich interessiert es Dich einen feuchten Kehricht, mit wem ich wann und wie lange liiert war.

Denn Du willst ja in erster Linie einen Riesennutzen aus der Konsumation dieses netten Büchleins ziehen.

Wir waren stehen geblieben bei dem letztlich vergeblichen Versuch meines gesamten Umfeldes, mich von der Realisierung dieses Ratgebers abzuhalten.

Du, der Du gerade dieses Büchlein in Händen hältst und hoffentlich den vollen Ladenpreis dafür bezahlt hast, bist jedoch der lebende Beweis dafür, dass es doch ein paar oder auch mehr tolerante, aufgeschlossene Leser gibt, die wahrhaft ernsthaft an meinem Thema interessiert zu sein scheinen.

Oder gehörst Du zu der Sorte von Lesern, denen diese Fibel aus Verlegenheit (weil man ja schon alles hat) oder gar aus Bosheit und hinterhältiger Schadenfreude geschenkt wurde?

Wie dem auch sei. Du bist jetzt schon mittendrin im Lesen und da solltest Du auch die Kraft aufbringen, bis zum Schluss durchzuhalten.

Ich verspreche Dir mit diesem Büchlein Folgendes:

Du bekommst keine aktuelle, hochwissenschaftliche oder medizinische Abhandlung über alle erdenklichen Arten der Reisekrankheit, des Schlechtwerdens und des Kotzens. Dafür jedoch habe ich diesem Buch sogar ein ganzes Kapitel zum Thema „Kotzen aus spiritueller Sicht" gewidmet. Das hat es wahrlich noch nicht gegeben. Dazu aber erst weiter hinten im Buch mehr.

Dieses Büchlein wäre jedoch kein Ratgeber, wenn es nicht Hilfe zur Selbsthilfe anbieten könnte. Und da bist

Du bei mir goldrichtig, denn ich bin geradezu der Spezialist schlechthin, um dieses erquickliche Thema einmal ausführlich und von allen Seiten zu beleuchten. Schließlich wollte ich ja keinen Aufsatz schreiben, sondern ein ganzen Buch damit füllen.

Ich möchte mich gar in die Behauptung versteigern, dass diese „Kotzbibel" Pflichtlektüre für alle Seereisenden werden sollte. Unerlässlicher Ratgeber vor, während und nach der Übelkeit.

Warnung: Meine nachfolgenden Tipps und Empfehlungen eher mit Vorsicht zu genießen.

Deshalb: Frage bitte vor Einnahme von Medikamenten den Bordarzt Deines Vertrauens oder die Verkäuferin in der Bordboutique.

Im Zweifelsfalle glaube mir von dem, was hier steht, kein einziges Wort und mache Deine eigenen interessanten Erfahrungen.

Nun aber mal hurtig los zum eigentlichen Zweck dieses Büchleins, sonst habe ich mich womöglich noch festgequatscht und bin am Ende angekommen und dann ist kein Platz mehr für das Wesentliche.

Ich habe das Augenmerk in diesem Ratgeber natürlich

schwerpunktmäßig auf „Seekrankheiten" gerichtet, da ich mich da am besten auszukennen glaube.

Korrekterweise möchte ich jedoch anmerken, dass Seekrankheiten dem Oberbegriff „Reisekrankheiten" oder auch „Bewegungskrankheiten" zuzuordnen sind und somit alles Gesagte auch hierfür zutreffend ist.

Der Arzt oder Fachmann bezeichnet das Phänomen der Reisekrankheit auch als „Kinetose". Das kommt vom griechischen „kinein" und bedeutet „bewegen".

Zuerst brauchen wir mal ein paar kleine Begriffsdefinitionen, damit wir – Du und ich – die gleiche Sprache sprechen. Tut mir, leid, da musst Du jetzt erst mal durch.

Der Duden erklärt das so:

> *See|krank|heit, die <o. Pl.>: durch das Schwanken eines Schiffes auf bewegtem Wasser verursachte Übelkeit [mit Erbrechen].*

Und unter dem Oberbegriff „Reisekrankheiten" finden wir folgende Definition bei der freien Enzyklopädie Wikipedia:

> *Reise- oder Bewegungskrankheit nennt man die körperlichen Reaktionen wie Blässe,*

Schwindel, Kopfschmerz, Übelkeit und Erbrechen, die durch ungewohnte Bewegungen etwa in einem Verkehrsmittel ausgelöst werden können.

Symptome der Seekrankheit 1

Und jetzt wird's spannend, denn wir fragen uns zugleich, wie eine Seekrankheit überhaupt entstehen kann. Die Antwort dazu: Es gibt nicht die eine Ursache, sondern es können unterschiedliche oder mehrere Symptome gleichzeitig eintreffen, deshalb hier zunächst mal die wichtigste Ursache: Die Hauptschuld für unsere beginnende Übelkeit soll demnach unser Gleichgewichtsorgan im Ohr tragen.

Stelle Dir das mal plastisch vor: Du sitzt gemütlich in Deinem Bistrostuhl an Deck eines Kreuzfahrtschiffes. Gemütlich will meinen: Du bewegst Dich nicht – oder nicht viel. Noch konkreter: Deine Muskeln haben im Moment nicht allzu viel zu tun, außer vielleicht ab und zu das frisch gezapfte Pils im Glas hochzuheben und an den Mund zu führen. Nun schaust Du mit Deinen Augen aufs Meer – und oh Schreck – es bewegt sich! Und zwar ziemlich heftig. Plötzlich merkst Du, dass die Schiffsplanken, auf denen Du sitzt, sich mit dem Ozean da draußen in der praktischen Erprobung der Chaos-Theorie üben. Und Du mit Deinem schlaffen und unbewegten Körper mittendrin. Dein kleines Männlein im Ohr, das gerade mit dem ständigen Neujustieren Deines Gleichgewichtssinnes beschäftigt ist, bekommt Panik, da er die plötzlich haufenweise eintreffenden widersprüchlichen Befehle Deines Stammhirnes nicht mehr bewältigen kann.

Das Gleichgewichts-Männlein in Deinem Ohr schreit deshalb in höchster Not: „Hey, ich kann nicht mehr, hier geht alles drunter und drüber! Mach was!" Deine entspannten Muskeln sagen jedoch: „Was regst Du Dich eigentlich auf, alles easy, bleib cool, Mann. Ich sitze hier doch gemütlich auf dem Stuhl. Für mich brauchst du hier nicht das Gleichgewicht zu halten. Hauptsache, mein Bier schwappt nicht aus dem Glas."

Das Stammhirn meldet sich nun ziemlich sauer und rüpelt die beiden Kontrahenten in Deinem Körper an und fordert sie unmissverständlich auf, sich mal einig zu werden. Da meldet sich piepsend Dein Sehorgan, sprich Deine Augen: „Sorry, Jungs, dass ich mich auch mal melde, aber habt ihr schon mal raus geschaut? Da draußen geht richtig die Post ab. Das Meer schwankt von einer Seite zur anderen. Oder schwankt das Schiff? Das kann ich nicht richtig wahrnehmen. Außerdem sehe ich da einige Leute an der Reling stehen, die offensichtlich die Fische füttern und dabei ziemlich gequält aussehen. Kann mir jemand mal sagen, was hier eigentlich los ist?"

Nun fallen die anderen drei über das Auge her. „Wer hat Dich denn gefragt? Musst Du alles noch schlimmer machen?" Ganz unvermittelt meldet sich nun Dein Brechzentrum zu Wort: „Ich glaub' mir wird gleich schlecht!"

Das ist der Beginn einer wunderbaren Seekrankheit.

Dein Körper weiß nicht mehr, was nun Sache ist und reagiert mit den gleichen Symptomen wie bei einer Vergiftung.

Dein Brechzentrum wird nun in Stufen aktiv.

Zuerst wirst Du ein leichtes Unwohlsein empfinden, Du fängst an zu frösteln, dann bricht kalter Schweiß aus und Du verspürst ein leicht drückendes Gefühl in der Magengegend. Oft geht mit diesem mehr oder weniger starken Unwohlsein ein verstärktes Aufstoßen einher.

Wie gesagt, das ist erst das Vorstadium dessen, was

gleich passieren wird. Ich bin Gottseidank nie über dieses erste Stadium hinweggekommen und war danach nur noch Zuschauer, wie es andere immer böser erwischte.

Wir machen weiter und lassen uns durch solche Kleinigkeit nicht unterkriegen. Hast Du den Mut, weiter zu lesen? O.K.

Zunehmend wird man nun müder und schläfriger. Das wäre nicht weiter tragisch auf einem Kreuzfahrtschiff, wo man ja sowieso den ganzen Tag nicht wirklich was zu tun hat, außer täglich neun Mahlzeiten irgendwie auf die Reihe, in den Magen und auch wieder hinaus zu bekommen.

Kreuzfahrten sollen ja laut Prospektangabe der Reiseveranstalter auch zur Erholung und Entspannung dienen. Und da bietet sich ein verdientes Nickerchen zwischen bayrischem Frühschoppen mit dem besten Bier der Welt („cerveza libre" = Freibier), Weißwurst, Leberkäse, Sauerkraut sowie Brezeln und dem eine Stunde später beginnenden 6-Gänge-Mittagessen geradezu an.

Wenn da nicht dieses verdammte Schiffschaukeln

wäre. Schließt man die Augen aufgrund der zunehmenden Müdigkeit, dann bekommt man unweigerlich das Gefühl, man sitzt in einem Überschlagskarussell auf der Kirmes im Bonner Pützchens Markt (für alle Österreicher und Nichtrheinländer: Der Pützchens Markt bei Bonn ist sowas wie der Prater in Wien, findet meist im September statt und dauert nur fünf Tage).

Aus dem Zustand der Müdigkeit entweicht immer häufiger langanhaltendes Gähnen und man bekommt den Rachen nicht weit genug auf, um das Gähnen raus zu lassen. Vorsicht beim zu ausladenden Gähnen! Schon manchem sind dabei die Kieferscharniere ausgeklinkt und man bekam den Mund nicht mehr zu.

Jetzt wird's gemütlich. Denn nun gesellt sich zu der Müdigkeit zunehmend eine ausgeprägte Arbeitsunlust, die sich bis zum Desinteresse und zur Lethargie ausdehnen kann.

Auch hier wiederhole ich mich gerne: Als Passagier hat man ja eigentlich die Arbeitsunlust geradezu mit an Bord genommen. Wer will denn schon ernsthaft im Urlaub arbeiten? Denke bitte jedoch einmal einen

Augenblick an die armen Künstler an Bord. In ihrem Standardvertrag steht nämlich, dass diese nicht krank werden und sich auch sonst nicht unlustig zeigen dürfen, sonst werden sie kielgeholt. Kleiner Exkurs zum „Kielholen" und zu sonstigen Bestrafungen auf Kreuzfahrtschiffen gefällig? Nun denn, dann erhole Dich mal ein paar Seiten von unserem Hauptthema, bevor wir wieder tiefer einsteigen.

Exkurs „Kielholen"

Kielholen war eine schwere, in der Seefahrt bis ins 19. Jahrhundert gebräuchliche Disziplinarstrafe, bei der der Bestrafte an einem Tau unter dem Rumpf des Schiffs durchgezogen wurde. Kielholen endete angesichts der schweren Verletzungen, die durch raue Ablagerungen wie Seepocken und scharfschalige Entenmuscheln am Schiffsrumpf entstanden, oft tödlich.

Nach anderen Darstellungen wurde der Verurteilte mit Gewichten beschwert, um eben dieses Entlangscheuern am Rumpf zu vermeiden.

Auch wenn offiziell in der heutigen Zeit das Kielholen nicht mehr durchgeführt wird; auf hoher See im Niemandsland irgendwo im unendlich weiten und tiefen Ozean, in internationalen, rechtsfreien Gewässern, dort wo der Kapitän auch eines Musikdampfers Herr über Leben und Tod ist, was glaubst Du wohl...?

Erfahrene Weltreisende, die auf einem Kreuzfahrtschiff oft 4 bis 5 Monate überwintern und dabei die Welt komplett umsegeln, erzählen sich hinter vorgehaltener Hand die allerschlimmsten Schauermärchen, was so alles an Bord passiert, wenn keiner hinschaut.

Unfreundliche Kellner findet man plötzlich tiefgefroren im Kühlhaus wieder.

Und ein katholischer Bordpfarrer wird auf Niue (Insel in der Südsee, gehört zu Polynesien) während eines Landausfluges einfach „vergessen", weil er sich geweigert hatte, eine ökumenische Andacht zu halten.

Abendkünstler der E-Musik (das sind die Opern- und Operetten-Tenöre, Klavierspieler etc.) müssen bei einer Welcome-Show in der Regel gleich am Anfang auftreten, damit die Langweiler nicht so lange im Gedächtnis der Zuschauer hängen bleiben. Bei einem gegenüber seinen anderen Kollegen arrogant und überheblich agierenden Wiener Bariton mit unausstehlich näselndem Schmäh-Dialekt folgte dann die Abmahnung gleich an Ort und Stelle.

Der Tontechniker ließ einfach seine Technik etwas „spielen" und modulierte die tiefe Bassstimme des vermeintlichen Weltstars etwas um und heraus kamen quietschende, hochfrequente Töne. Kleine Sünden bestraft der liebe Gott an Bord sofort.

Einem arroganten Abendkünstler der U-Branche (das

„U" steht für Unterhaltung), der zum Schluss auftreten und dem Publikum noch mal so richtig einheizen sollte, musste frustriert feststellen, dass die Gäste schon alle fort waren. Irgendein Scherzkeks hatte über alle Bord-Lautsprecher die Eröffnung des Mitternachts-Büffets angekündigt.

Das ist ja alles noch nicht so tragisch, solange sich solche Scharmützel alleine unter dem Personal abspielen.

Wer jedoch mag schon eine offizielle Statistik über die Verlustrate von plötzlich auf hoher See verschwundenen Passagieren führen? Niemand.

Denke nur an frustrierte Ehefrauen, die schon immer genau auf diese einzige günstige Gelegenheit gewartet haben und - welch ein Zufall – als erste schreien: „Mann über Bord" und dann den Rettungsring auf der anderen Schiffsseite ins Meer werfen.

Oder der allein reisende, in die Jahre gekommene italienische Gigolo, den alle an Bord nur „Mister Lover-Lover" nennen und der von jedem Hafen aus seine Emails an seine neidischen, zu Hause sitzenden Kumpel sendet. Was ist mit ihm geschehen, als plötzlich die Emails ausblieben? Hat er sich übernommen bei seinem letzten Liebesabenteuer mit dem russischen Zimmermädchen? Wer weiß das schon? Solche Zwischenfälle werden stillschweigend entsorgt.

Apropos „entsorgen": Wusstest Du eigentlich, dass - je nach Größe des Luxusliners – mindestens 2 Zinksärge mitreisen?

Im Bedarfsfalle werden diese dann samt Inhalt im Kühlhaus bei den Steaks, den Hummern und Austern zwischengelagert. Entweder bis zum nächsten Hafen, oder, falls dies der Wunsch der Hinterbliebenen sein sollte, bis zur sofortiger Verklappung auf offener See.

Du siehst also, man kalkuliert auf jeder Seereise einen gewissen Schwund an Personal wie an Gästen automatisch mit ein.

Wo war ich eigentlich stehen geblieben, als ich mich beim „kielholen" verplappert habe?

Richtig! Bei der Arbeitsunlust an Bord – hervorgerufen durch eine beginnende Seekrankheit.

Puuh! Da habe ich ja gerade noch die Kurve gekriegt bei meinen aus- und abschweifenden Erzählungen.

Symptome der Seekrankheit 2

Nun mal weiter mit den Symptomen.

Nach der Arbeitsunlust, die sich bis zur Lethargie steigern kann, gesellen sich bei zunehmender Seekrankheit nun Kopfschmerzen, Schwindel und Zwangsschlucken hinzu.

Schafft man es nicht mehr, durch Zwangsschlucken den sich noch im Magen befindlichen Inhalt zurückzuhalten, dann kommt es zuerst zum Brechreiz und Sodbrennen und dann – welch eine Erlösung - zum Erbrechen.

Aber - leider, leider – bringt das Erbrechen nur eine kurze Erleichterung, wenn es einem mit der Seekrankheit richtig erwischt hat.

Stresshormone werden vermehrt ausgeschüttet, man kann sowohl ziemlich blass um die Nase als auch rot wie ein Puter aussehen. Spätestens jetzt denkt auch der letzte Fresssack nicht mehr an das Kapitänsdinner, sondern konzentriert sich ganz darauf, irgendwie auf den Beinen zu bleiben.

Überhaupt nicht tröstlich, sondern nun sehr ernst zu

nehmen, ist es, wenn die wellenförmig an- und ab-schwellenden Beschwerden tagelang anhalten. Die dann eintretende schwere Form der Seekrankheit wird begleitet von extremem Unwohlsein und ständigem Erbrechen bis zur völligen Magenleere (Dehydrierung) und schwerer Depression.

Spätestens in diesem Stadium ist man sowieso vom allgemeinen gesellschaftlichen Bordleben suspendiert und verbringt seine nun übermäßig vorhandene Zeit irgendwo tief unten im Bauch des Schiffes.

Während oben auf Deck 11 die Post abgeht und Äquatortaufe und Datumsgrenzen-Überschreitung in ausgelassener Partystimmung zusammen mit Neptun und seinem wässrigen Gefolge gefeiert wird, liegst Du einsam und alleine in der Intensivstation des Bord-Krankhauses und hängst womöglich schon am Tropf, um den hohen Flüssigkeitsverlust zu kompensieren.

Möglicherweise trägst Du Dich in dieser desolaten Verfassung sogar ernsthaft mit dem Gedanken, nur noch sterben zu wollen. Keine Chance! Die hübsche, jedoch resolute Krankenschwester hat längst Deine Gedanken erraten und Dich zu Deinem Selbstschutz ans Bett gefesselt.

Somit sind alle abwegigen Gedanken, sich heimlich nachts an Deck zu kriechen und sich über Bord zu werfen, von vorneherein zum Scheitern verurteilt.

Schließlich verursacht die, mit einem solch erfolgreichen Sprung verbundene Verlustmeldung gegenüber der Reederei immer auch eine Menge unnötigen Papierkrams, den der Kapitän verständlicherweise gerne vermeiden möchte.

Aber wie schon eingangs erwähnt, auch eine Seekrankheit hat einmal ein Ende - so oder so - und wenn man es überlebt hat, dann ist man meist für alle Zeiten resistent gegen jede Art von Reisekrankheit, egal ob im Flugzeug, im Bus oder als hilfloser Beifahrer im Auto.

Deshalb behaupten auch die meisten der Kreuzfahrer, die schon zum X-ten Male auf einem Luxusliner die Welt umrunden, dass es für die „Greenhorns" auf dem Schiff nach der ersten Reise nur zwei Möglichkeiten gibt: „Entweder, man fährt nie wieder – oder immer wieder auf Kreuzfahrten."

Diese sogenannten „Repeater" (Wiederholer) haben

sich offensichtlich für die zweite Variante voller Lust entschieden, befinden sie sich dabei doch nach eigenen Aussagen nur auf einer kleinen „EVR"-Reise – sehr zum Frust der daheimgebliebenen Blutsverwandten.

Denn: E.V.R. bedeutet schlicht und einfach: „Erbe-Vernichtungs-Reise". Und je nach gewähltem Schiff, gewählter Reisedauer, Kabinenkategorie und gewählten Reisezielen kann eine Überwinterungsreise auf einem Cruiser schon mal locker 100.000 EUR an Erbmasse vernichten.

Aber das ist nicht unser Thema. Zumindest nicht in diesem Buch.

Nun hast Du von mir in schonungsloser, brutaler Offenheit die Symptome einer Seekrankheit und somit jeder Bewegungskrankheit um Deine Ohren gehauen bekommen, dort, wo sich unter anderem Dein Gleichgewichtsorgan befindet.

Trotz aller Horrorszenarien warst Du tapfer und mutig, bis hierhin zu lesen.

Und damit – so verspreche ich Dir, hast du auch schon das Schlimmste in diesem Buch überstanden.

Wer es geschafft hat, bis hierhin zu kommen, den kann nichts mehr erschüttern und Du kannst Dich jetzt entspannter zurücklehnen und den gedruckten Rest mit allen Deinen übriggebliebenen Sinnen freudig genießen. Denn nun komme ich zum Thema „Anfällig-keiten".

Anfälligkeit zum Kotzen

Wer ist überhaupt anfällig für Reisekrankheiten? Die simple Antwort: Jeder!

Denn: Ausgangspunkt der Reiseübelkeit ist nicht der Magen, sondern das Gehirn.

Die Reisekrankheit kann ganz plötzlich - in jeder Phase Deines Lebens - eintreten. Auch wenn Du schon oft mit Schiffen gefahren sein solltest und Du noch nie auch nur die Spur von Unwohlsein kennen gelernt hast: Auch Dich kann es noch erwischen.

Sogar Seeleute, die ein Leben lang unbehelligt zur See gefahren sind, werden plötzlich seekrank. Dabei wird man sehr viel schneller bewegungskrank, wenn man sich vertikal, also noch vorne, bewegt.

Das kennt zumindest jede beifahrende Ehefrau in der gemeinsamen Familienkutsche zur Genüge, wenn der selbstverständlich lenkende „Jäger der Landstrasse" nicht mehr weiß, wo es lang geht. Dann muss die bessere Hälfte ran und den Autoatlas studieren – mit vornüber gesenktem Kopf. Wehe - wenn „Frau" nicht sofort eine zufriedenstellende Richtungsanweisung geben kann, weil ihr mittlerweile alles vor Augen verschwimmt und sie tapfer die hochkommenden Säurebrocken im Mund wieder hinunterschlucken muss.

Dann wird „Mann" sehr, sehr böse und versucht selbst die Route im auf dem Schoß von „Frau" liegenden Atlas zu finden.

Da wir mittlerweile durch empirische Erhebungen zu glauben wissen, dass „Mann" nicht zwei Dinge gleichzeitig tun kann, ist das, was gleich passiert, genetisch vorprogrammiert.

Das göttlich lenkende männliche Wesen verreißt das Steuer, das Auto schlingert, die liebende Gattin erschrickt heftig und gibt – ebenfalls genetisch bedingt – einen lauten Schrei von sich – und ihr Mageninhalt befindet sich an der Windschutzscheibe – von innen, dort, wo kein Scheibenwischer je hinkommen kann.

Was lernen wir daraus? Bewegungskrankheitsanfällige Personen sollten es tunlichst unterlassen, während einer Fortbewegung irgendwas zu lesen – egal ob auf einem Segelboot, in der Bahn, im Flugzeug oder auf einem großen, großen Dampfer.

Interessant ist eine Studie, die herausgefunden hat,

dass Kinder unter zwei Jahren kaum anfällig in Bezug auf Reisekrankheiten sind, da deren Gleichgewichtsorgan noch nicht ganz entwickelt ist. Jedoch steigt danach dann die Empfindlichkeit bis zum 12. Lebensjahr an.

Also wird es den Kindern just in jener Zeit am ehesten schlecht auf Reisen, wenn sie sowieso schon genug mit ihrer Pubertät beschäftigt sind und ihnen eigentlich penetrant ständig irgendwie übel ist.

Eltern, aufgepasst! Gerade in diesem Alter wollen sich Kinder ja sowieso von ihren Erziehungsberechtigten abnabeln und ihre eigenen Wege gehen.

Mein Tipp: Lasst sie ziehen, nicht überreden, die nächste Kreuzfahrt doch bitteschön gemeinsam als sich über alles liebende Familie anzutreten!

Tief durchatmen – und wenn keiner guckt, nach diesen Zeilen laut jubelnd durch das Zimmer springen, den Partner heftig abküssen, den Reisekatalog nochmals zur Hand nehmen und spontan die erste romantische Kreuzfahrt zu zweit nach 12 Jahren buchen!

Anschließend darfst Du ein paar tief empfundene Gedanken des Dankes in meine Richtung – Deinem Autor dieses wunderbaren Reiseratgebers – senden.

Und jetzt kommt noch ein tröstlicher Hinweis für alle, die bereits aus der Pubertät raus sind: Nach dem 12. Lebensjahr sinkt die Neigung zur Reisekrankheit wieder ab. Und nach dem 50. Lebensjahr wird man zunehmend resistenter gegen Bewegungsschwindel, da die Sinnesorgane im Rahmen des Alterungsprozesses degenerieren. Wie tröstlich. Darum sieht man auf den Kreuzfahrtschiffen auch zumeist eher Menschen im fortgeschrittenen Alter, also in der Blütezeit ihres Lebens.

Männer aufgepasst! Mit dem folgenden Argument kann man jede kreuzfahrtunwillige Ehefrau locker und leicht überreden: Frauen sind – entgegen weitverbreiteter Meinung auch in medizinischen Ratgebern - nicht empfindlicher als Männer. Wer das Gerücht in die Welt gesetzt hat, Frauen kotzen schneller als Männer, solle sich bitte bei mir melden.

Dass Männer und Frauen in dieser Sache ziemlich gleichberechtigt empfindlich oder auch unempfindlich sind, das hat zumindest die NASA in neuesten Untersuchungen festgestellt. Und die sollten es eigentlich ganz genau wissen, testen sie doch künftige Astronauten unter härtesten Bedingungen auf alle möglichen Formen von Reisekrankheiten – hier: Raumkrankheiten.

Es wäre ja auch ziemlich fatal, müsste man die nächste Mondfahrt nur deshalb abbrechen, weil irgendjemand ständig seinen Raumfahrer-Helm von innen bespuckt. Man denke nur an die aufgehobene Schwerkraft. Alles schwebt – irgendwo...

Männer, nochmals aufgepasst! Ist es Euch jedoch tendenziell aus den unterschiedlichsten, nicht nachvollziehbaren Gründen lieber, die bisherige medizinische Aussage, dass Frauen anfälliger für Seekrankheiten sein sollen, weiterhin gelten zu lassen, so kann ich Euch gegen Zusendung eines Freiumschlages mit inliegendem Einhundert-Euro-Schein auch diese entsprechenden wissenschaftlichen Studien zur Verfügung stellen.

Noch eins drauf: In diesen überholten, jedoch für manche hinterhältigen Zwecke immer noch nützlichen medizinischen Abhandlungen steht sogar drin, dass Frauen zu Beginn ihrer Menstruation und während der

Schwangerschaft ganz besonders anfällig für See-krankheiten, bedingt durch hormonellen Einfluss, sein würden.

Die größte Wahrscheinlichkeit, seekrank zu werden, ist offensichtlich in fensterlosen Freifallrettungsbooten gegeben. Aber diese Sorge kann ich Dir als erfahrener Kreuzfahrer auf den deutschen Luxusschiffen nehmen. Zumindest alle Rettungsboote für die Passagiere ha-ben Fenster. Denn diese werden auch in seenotlosen Zeiten auf See ständig benutzt. Nämlich als sogenann-te Tender-Boote; immer dann, wenn das Schiff nicht an einer Pier festmachen kann und „auf Reede" (= außerhalb eines Bestimmungshafen oder in einer Flussmündung vor Anker liegen) liegen muss.

Das ist oft in der Südsee oder auch in der Karibik der Fall beim Ankern vor kleineren Inseln, die keinen ei-genen Hafen für größere Schiffe besitzen.

Das Tendern geht dann so vor sich: Man steigt ir-gendwo in Höhe der Schiffsrezeption oder ein paar Etagen tiefer, dort wo sich das Hospital befindet, seitwärts aus dem Schiff auf eine Plattform. Dort war-ten die Tenderboote auf die landgangwilligen Passagiere, die dann zur nächsten Anlegestelle auf die Insel fahren. Der Schritt von der Plattform ins Boot ist meist nicht ohne und will gelernt sein.

Es ist manchmal oft das Lustigste an einer Kreuzfahrt überhaupt, die Passagiere beim abenteuerlichen Einsteigen in das Boot zu beobachten.

Denn großes Schiff und kleines Boot schwimmen im gleichen Meer, welches sich in der Regel mal mehr oder mal weniger heftig bewegt, sprich: Wellen produziert.

Je nachdem, wie nun die Wellen das Tender- oder auch Rettungsboot am Rumpf des großen Schiffes auf und ab sinken lässt, umso spannender und interessanter wird es für den hämischen Beobachter.

Diese sogenannte Tide (Strömungs- und Wellenvorgänge in den Weltmeeren, die durch die Gezeitenkraft angeregt werden) insbesondere in Küstennähe kann das Tenderboot ganz plötzlich entweder um 2 bis 5 Meter abfallen oder hochschnellen lassen. Dramatisch für den Passagier, der gerade im Begriff ist, einzusteigen und einen Fuß noch auf der Plattform, den anderen Fuß schon im Boot hat.

Weil eine zu hohe Tide ein zu großes gesundheitliches Risiko für die landhungrigen Kreuzfahrt-Gäste darstellt, neigen die Verantwortlichen sehr schnell dazu, den Landgang einfach abzublasen.

Um sich vor möglichen Schadenersatzforderungen der um das Erkunden der Sehenswürdigkeiten betrogenen Kunden zu schützen, schreiben die Reiseveranstalter bei Destinationen, vor denen die Schiffe auf Reede liegen müssen, immer folgende Einschränkung in ihre Kataloge:

„Schiff auf Reede – ausbooten wetterabhängig oder tideabhängig".

So ist man juristisch aus dem Schneider, was aber die enttäuschten Weltreisenden nicht davon abhält, sich massiv, nachhaltig und laut zu beschweren – denn gerade diese kleine Klausel hat man zuhause geflissentlich erst gar nicht wahrgenommen.

Es ist ja auch schon sehr schwer zu verkraften, wenn man zum Beispiel um die halbe Welt fliegt, um eine Kreuzfahrt durch die Südsee zu machen, dann z.B. von Valparaiso (Chile) in Richtung Polynesien startet, vier Tage auf See unterwegs ist, überglücklich endlich

Land sieht, nämlich die Osterinseln, sich auf die großen, überirdischen Statuen namens „Moai" freut und dann vom Kapitän zu hören bekommt, dass das Ausbooten zu gefährlich sei und man weiter zur nächsten Insel fahren würde.

Nur wegen den behauenen Felsblöcken hat man überhaupt gebucht – und nun das. Wehe, wenn auch Pitcairn, dort wo sich die letzten Meuterer der Bounty versteckt hielten, nicht besucht werden darf. Das wäre nach den Osterinseln und zweieinhalb weiteren Seetagen das nächste Ziel. Aber auch hier kann es passieren, dass der Kapitän sagt: „No!".

Und das passiert bei den beiden beschriebenen Inseln wegen der Tide häufiger, als es im Reisebüro zugegeben wird. Und das frustet natürlich gewaltig.

Denn der nächste sichere Hafen, wo man garantiert aussteigen und sich an Land die Füße vertreten kann, soweit man nun nicht von der seltenen Landkrankheit befallen wird, ist zumeist Papeete, die Hauptstadt von Tahiti – und da hat man dann rund 12 Tage auf hoher See verbracht – ohne ein einziges Mal zwischendurch an Land zu dürfen.

Landkrankheit ist übrigens auch eine Form der Bewegungskrankheit und tritt zumeist bei Seeleuten auf, die lange nicht mehr an Land waren. Dann stehen sie alle schwankend an der Pier, kotzen ins Wasser und wollen schleunigst wieder an Bord. Greenhorns aufgepasst: Wenn Ihr demnächst Matrosen auf der Reeperbahn nachts um halbeins stark schwankend sichtet, bedeutet das nicht automatisch, dass sie besoffen sind. Es kann sich auch um die oben erwähnte Form von Landkrankheit handeln – muss es aber nicht! Womit wir wieder beim eigentlichen Thema unseres Büchleins angelangt wären.

Ursachen des Kotzens

Bisher war man der Überzeugung, dass Seekrankheit durch das unterschiedliche Bewegungsempfinden von Auge und Ohr (genauer: dem Gleichgewichtsorgan im Ohr) ausgelöst wird.

Verantwortlich sind dabei die drei Bogengänge des Gleichgewichtsorgans, die wie die Raumebenen eines dreidimensionalen Koordinatenkreuzes senkrecht aufeinander stehen. In diesen Gängen befindet sich Flüssigkeit, die in Bewegung gerät, wenn der Körper seine Lage verändert. Haarzellen melden diese Flüssigkeitsströmung dem Gehirn. Dabei gilt die Regel: Je größer die Bogengänge, desto empfindlicher können sie Lageveränderungen feststellen.

Aber: Von Geburt an blinde Menschen können ebenfalls seekrank werden, was bedeutet, dass das Auge eine eher untergeordnete Rolle spielt. Das Gleichgewichtsorgan im Innenohr hingegen scheint also von zentraler Bedeutung zu sein. Das bestätigt auch, warum Taubstumme, bei denen das Innenohr beschädigt ist, gegen Seekrankheit immun sind.

Aber die Mediziner können immer noch nicht restlos alles erklären, warum und wann Seekrankheit auftritt.

Wenn Du Dich zum Beispiel unter Deck aufhältst, dann kannst Du über Dein Auge keine Schiffsbewegungen wahrnehmen. Nur Dein Innenohr meldet Schaukelbewegungen, und mit den Füßen musst Du Dich womöglich gegen das Schwanken stemmen. Diese widersprüchlichen Signale lösen in Deinem Hirn eine Art Kurzschluss aus - und Dein Organismus reagiert prompt mit Seekrankheit.

Warum er das aber auch tut, wenn die Sinnesorgane keine voneinander abweichenden Informationen liefern - etwa an Deck, das schwankende Meer vor Augen -, erklärt diese Theorie allerdings nicht.

Man muss sich das mal vor Augen halten: Bisher wurden mehr als 2.000 wissenschaftliche Arbeiten zur Seekrankheit publiziert.

Aus statistischer Sicht ist das Leiden gut erforscht: Frauen sind anfälliger als Männer – oder wie wir weiter vorne festgestellt haben, auch nicht; Kleinkinder und Betagte werden seltener seekrank als Personen in mittlerem Alter; und – auch das solltest Du wissen:

Asiaten sind stärker gefährdet als Afrikaner und Europäer. Darum waren wohl die Chinesen nie ein großes Seefahrervolk gewesen.

Nur, was hilft alle Statistik, wenn man mit gelbgrünem Gesicht an der Reling steht und die Fische füttert?

Unklar ist auch bis heute, ob die körperliche Reaktion auf diese rätselhafte Fortbewegungskrankheit, die Geißel der Seefahrer, irgendeinen biologischen Zweck erfüllt, oder ob das Kotzen – eigentlich auch ein Schutzreflex gegen Vergiftung – einfach nur so und irrtümlich ausgelöst wird.

Auslösend wirken in jedem Fall rhythmische, an- und abschwellende Beschleunigungen durch entsprechende Bewegungen des Schiffes insbesondere bei stärkerer Wellenbildung.

Dabei kommt es sehr entscheidend darauf an, wie sich das Schiff auf dem Meer bewegt.

Der Seemann unterscheidet dann auch in seiner Fachsprache verschiedene Arten der Fortbewegung im aufgewühlten Ozean:

1. Rollen, das heißt eine Drehbewegung um die

Längsachse des Kreuzfahrt-Schiffes bei seitlicher Welleneinwirkung.

2. Stampfen, Bewegung um die Querachse bei Auftreffen der Wellen von vorn.

3. Schlingern als Kombination von Rollen und Stampfen. Schlingern wirkt am stärksten Kinetose auslösend, es macht am stärksten seekrank.

Lange Wellen wirken stärker als kurze. Die Wahrnehmung der scheinbaren Drehung des Horizontes wirkt begünstigend auf den Ausbruch der Seekrankheit, ebenso üble Gerüche wie Öldunst oder Küchengerüche und natürlich der Anblick anderer Seekranker - auch dann, wenn Du Dich im Spiegel betrachtest und feststellst, dass Du eigentlich ziemlich miserabel aussiehst und gleich kotzen müsstest.

Verstärkt kann dieser Effekt noch durch andere Faktoren werden, z.B. zu wenig Schlaf, schlechte Luft, Hitze, schweres Essen und zu wenig Flüssigkeit.

Übelkeit tritt aber auch auf, wenn Du bei starkem Seegang ein Buch liest – ganz sicherlich und garantiert, wenn es sich auch noch um dieses Kotzbuch handelt.

Dieses Buch während eines bei Stärke sieben bis neun schlingernden Schiffes auf dem obersten Lido-Deck achtern zu lesen, mit dem Rücken zur Fahrtrichtung und beim Anblick rundum reihernder Passagiere: das schaffte bisher noch keiner.

Übrigens: Schweine, Raubtiere und viele andere Aas fressende Tiere werden nachweislich nicht seekrank, obwohl sie ein ähnliches Gleichgewichtsorgan wie wir Menschen besitzen.

Und so waren Wissenschaftler auf der Suche nach einer anderen Ursache für die Seekrankheit.

Allen Tieren, die nicht seekrank werden, ist eine Eigenschaft gemein - als Extremverwerter von eiweißreichem Futter produziert ihr Körper eine hohe Dosis an sogenannten Diaminoxidase, ein Gegenmittel gegen Histamin, das in eiweißreicher Nahrung wie etwa Fleisch entsteht.

Es stellt sich jetzt die historische Frage, ob die Polynesier, als sie rund 3.000 Jahre vor unserer Zeitrechnung (Christi Geburt) bereits wussten, dass Schweine eine lange Seefahrt auf ihren hochseetauglichen Doppelrumpf-Kanus ohne Kotzen überstehen würden.

Denn diese ersten abenteuerlichen Ozeanüberquerer auf der Suche nach ihrer Urheimat Hawaiki nahmen immer auch ihr Lebendvieh mit.

Auch Captain Cook nahm ja auf seinen drei Weltumsegelungen Schweine aus England mit und frischte seinen quiekenden, jedoch seefesten Lebendproviant unterwegs unter anderem in Neuseeland oder in der polynesischen Inselwelt auf.

Hat auch er etwas bereits gewusst, dass Schweine nicht seekrank werden?

Noch ein paar Anmerkungen zu Histamin, denn zu diesem Mittel werde ich Dir später in den Kapiteln „Tipps und Tricks gegen das Kotzen, Teil 1 bis Teil 3" noch ausführlicher berichten.

Histamin ist ein biogenes Amin und entsteht in Lebensmitteln durch den bakteriellen Abbau der Aminosäure Histidin. Alle Nahrungsmittel, die leicht verderblich sind, viel Eiweiß enthalten und aus tierischen Produkten bestehen, fallen in diese Gruppe, also: Käse, Wurst, Schinken, einige Fische, aber auch Sauerkraut, Spinat, Wein, Bier. Zu viel Histamin im Körper führt zu bestimmten Vergiftungserscheinungen wie Übelkeit,

Erbrechen, Kopfschmerzen und Durchfall.

Tierversuche haben gezeigt, dass die Histaminwerte im Körper deutlich ansteigen, wenn das Tier unkontrollierten Bewegungen ausgesetzt wird.

So kann selbst der Goldfisch im Wasserglas seekrank werden, wenn man es durch die Wohnung schaukelt.

Als man bei den Versuchen Tieren ein Mittel gab, das eine Bindung des Histamins im Körper aufhob, zeigten die Tiere selbst im Ruhezustand alle Symptome einer Seekrankheit.

Es zeigte sich außerdem, dass die Zufuhr von Vitamin C Histamin im Körper bindet.

Diese letzte Entdeckung wiederum wirft ein besonderes Licht auf die früher an Bord gefürchtete Mangelerscheinungskrankheit Skorbut, die ja erstmals wiederum Captain Cook in den Griff bekam.

Bewegte sich ein Schiff auf See sehr stark, stieg der Histaminspiegel im Körper eines Seemannes drastisch an. Der Körper wehrt sich dann automatisch gegen diese Überflutung und verbraucht zur Bindung des überschüssigen Histamins Unmengen an Vitamin C.

Da kein entsprechender Nachschub an Vitamin C verabreicht werden konnte, erkrankten viele Seeleute an Skorbut. So einfach ist das – wenn man es weiß.

Ist Vitamin C nun das simple Allheilmittel gegen Seekrankheiten?

Nein – so einfach ist es nun dann doch wieder nicht. Dazu aber später mehr.

Damit alles zur Ursache von Seekrankheiten gesagt ist, hier noch ein Satz zu einem Kamel als Seekrankheit auslösendes Fortbewegungsmittel.

Da ein Kamel ein Wüstenschiff und somit ein entfernter Verwandter des Kreuzfahrtschiffes ist, soll noch angemerkt werden, dass auch beim Reiten auf diesem Fortbewegungsmittel Reisekrankheit auftreten kann, zumal, wenn der Reiter seinen Blick auf das Kamel fixiert und keinen Blick für die grandiosen Sandhaufen hat.

Bevor ich nun zu den vorbeugenden und behandelnden Maßnahmen überleite, will ich Dir wieder mal etwas Erholung gönnen und Dir zugleich einen kleinen Abriss über das Leben an einem x-beliebigen Seetag geben. Keine Sorge, wir bleiben nahe am Thema.

Ich erlaube mir deshalb, Dich ganz einfach mitzunehmen an Bord des ehemaligen 4-Sterne-Schiffes MS Arkona, welches davor MS Astor hieß und das allererste ZDF-Traumschiff war. Dann hieß sie MS Astoria - und heute schippert sie nach erheblichen Umbaukosten als MS Saga Pearl II unter maltesischer Flagge für die Saga Shipping Company über die Weltmeere.

Eine Kreuzfahrt, die ist lustig

Es war während der Farewell-Reise der MS Arkona im Jahre 2002, irgendwo an der Ostküste Brasiliens auf der Fahrt von Rio de Janeiro nach Belem am Amazonas-Delta nahe dem Äquator.

Ich bin ein Frühaufsteher. Spätestens um sieben Uhr bin ich wach. Diesmal wurde ich durch unruhiges Schaukeln in meiner Kabine sogar noch eine halbe Stunde früher geweckt. Ich ziehe mich leise an, lasse meine noch schlafende damalige noch und jetzt nicht mehr Ehefrau in der Kabine zurück und wandere über die noch leeren Außendecks. Die Sonne geht gerade hinter einer dicken schwarzen Regenwolke auf. Das Schiff schlingert beunruhigend heftig. Die See ist aufgewühlt. Ich setze mich an einen der Tische auf dem Lidodeck – hinten.

Ich überfliege beim Early-Bird-Frühstück, dem Früh-Frühstück für Frühaufsteher, welches vor dem eigentlichen Frühstück täglich angeboten wird, das heutige Tagesprogramm. Nicht wirklich interessiert – dafür ist es noch zu früh. Meine Augen wandern vom Blatt über die nach Zimt duftende Rosinenschnecke auf meinem Teller auf die heute Morgen ziemlich unruhige See. Das Schiff eiert durch den Atlantik – auf gut deutsch – es schaukelt nicht nur hin und her, sondern auch noch auf und ab. Mein Blick wandert zurück auf die Rückseite des Tagesprogramms und ich entdecke, ziemlich kleingedruckt, ein kleines Kreuzfahrt-ABC.

Dort steht zum Beispiel, dass „Knoten" die Maßeinheit für die Geschwindigkeit des Schiffes ist und einer Seemeile pro Stunde entspricht. Eine Seemeile wiederum soll 1.852 Meter betragen.

Von „Lee" spricht man, wenn die windabgekehrte Seite des Schiffes gemeint ist - und „Luv" ist das Gegenteil davon.

Wenn ein Schiff „stampft", dann macht es eine Bewegung um die Querachse von Bug zu Heck.

„Krängen" bedeutet die Neigung des Schiffes, wenn von einer Seite Druck durch Seegang ausgeübt wird. Die bei der MS Arkona vorhandenen Stabilisatoren würden bei schwerem Seegang seitlich ausgefahren und sollen so der Schräglage entgegenwirken. Meine Gedanken mit Blick auf die schäumende See verselbständigen sich:

Sollte dies - so ergänze ich diesen Bericht gedanken-
verloren - keine lindernde Auswirkung auf die dann
haufenweise seekrank werdenden Passagiere haben,
helfen die vielen weißen Brötchentüten (für die Österreicher: Jausensackerl), die überall im Schiffsinnern zu
finden sind.

Diese muss man dann mit seinem Mageninhalt füllen
und wenn sie brav gefüllt sind, würde das überall
bereit stehende Service-Personal diese abnehmen und
durch frische, ungebrauchte Tüten ersetzen. Befindet
man sich zum Zeitpunkt des kotzschlechten Zustandes
nicht im Inneren des Schiffes, sondern irgendwo
draußen an der Reling, so sollte man die Fische und in
küstennahen Gewässern auch die Möwen mit seinem
verdauten Essen füttern. Diese freuen sich bestimmt
über die willkommene Abwechslung in ihrem sonst
eher eintönigen Fisch-Speiseplan.

Was kann man eigentlich machen, wenn es einen
erwischt hat? Oder gibt es vorbeugende Maßnahmen,
die von vorneherein verhindern, dass es einem bei
ruppigem Seegang speiübel wird? Bei meiner mitrei-

senden, damals frisch angetrauten Gattin Nummer Zwei war in den ersten beiden Tagen immer ein leichtes Unwohlsein unterschwellig vorhanden gewesen.

Da ich dieser überlebenswichtigen Frage bereits vor unserer Reise akribisch nachgegangen war, war ich vermeintlich bestens vorbereitet auf diese Situation. Und als es anfing mit ihrem Unwohlsein, habe ich, fürsorglich – auch ungefragt - wie ich nun mal bin, ihr vorsorglich die in den Kabinen vorhandenen Tüten gezeigt.

Und eine davon schon mal geöffnet und somit zum sofortigen Einsatz bereit greifbar auf den Frisiertisch gestellt. Nicht nur das:

Bei unseren ersten Schiffsrundgängen habe ich sie unermüdlich auf jede Spucktüte aufmerksam gemacht, deren ich fündig wurde und sie aufgefordert, sich die Fundorte genauestens einzuprägen, damit sie im Fall des Falles sofort zugreifen kann.

Ich glaube aber, dass meine ehemalige Herzallerliebste meine Fürsorge nicht so richtig zu schätzen wusste, da ihr beim Anblick der Tüten schlagartig tatsächlich übel wurde.

Sie bat mich deshalb relativ schnell, mit diesem Blöd-
sinn aufzuhören, da ich mit meiner Aktion genau das
Gegenteil bewirken würde.

„Alles, was beachtet wird, wird verstärkt, mein lieber
Wolfgang, alles, was man weniger und immer weniger
beachtet, schwächt sich ab!", sagte sie, „Und ich will
nicht jeden Meter auf diesem Schiff an mein Unwohlsein erinnert werden. Ich denke einfach nicht daran,
denke an schöne Sachen, bilde mir ein, dass das
Schlingern ein schönes, angenehmes Schaukeln ist,
was mir gut tut und dann wird meine leichte Übelkeit
von ganz alleine verschwinden. Wenn ich aber immer
wieder auf die Tüten aufmerksam gemacht werde,
denke ich auch jedes Mal an mein Unwohlsein - und
das verstärkt sich dann dermaßen, dass mir irgendwann dann wirklich richtig übel ist. Und das willst Du
doch sicherlich nicht, mein Schatz!"

Was hatte ich doch damals für eine kluge Frau!

Da ich stets bemüht war, jederzeit ein liebender, ver-
ständnisvoller Ehemann zu sein, habe ich nach diesem
Tadel versucht, ihr keine weiteren Tüten, die ich natürlich mit meinen nun sehr geschulten Augen überall

sah, zu zeigen. Aber irgendwie funktionierte das nicht so richtig: „Hör auf! Wolfgang, so zu schauen! Du hast schon wieder diesen Tütenblick drauf! Hast Du wieder eine entdeckt?" Klassische Konditionierung nennt man das wohl. So war die schwere See an besagtem Morgen nur wieder ein Auslöser meiner bisherigen, wissenschaftlich motivierten Gedanken zu diesem delikaten Thema.

Hast Du Dir eigentlich jemals die ernsthaft Frage gestellt, warum man beim Seegang überhaupt kotzen muss – ja sogar sollte? Stelle Dir einmal die ungeheuren Essensmengen vor, die Du an Bord eines Kreuzfahrtschiffes täglich vertilgen musst. Beginnend mit dem Earlybird-Vor-Frühstück für die Frühaufsteher, bestehend aus verführerischen Zimtschnecken und sonstigen Kalorienbomben, dann das ausladende, üppige Frühstück mit kross gebratenem Frühstücksspeck auf 6 Spiegeleier, dann zur Überbrückung bis zum Mittagessen die stärkende Elf-Uhr-Kraftbrühe, weiter zum Mittagsbuffet mit einer schier endlosen Auswahl an Schweinereien, natürlich mit kostenlosem Tischwein oder ein-zwei Bierchen. Falls man nicht satt ist, dann ab zum Bord-Restaurant mit Bedienung und mindestens 5-Gänge-Menü. Darüber ist es Nachmittag geworden und Zeit für die Kuchenschlacht mit Sahne und Kaffee. Das dauert so bis 17.00 Uhr. Um 18.00 Uhr wird schon zum Abendessen geläutet, meist sehr opulent und mit Teilnahmezwang versehen, da es sich entweder um ein Welcome-, Themen-, Überraschungs-, Bergfest,- Käptn's,- oder Farewell-Gala-Dinner handelt. Also kurz gesagt: Eigentlich jeden Abend. Hat man sich dann den Hintern wund und taub gesessen und man schafft es um 22.00 Uhr an die frische Luft, dann ist da draußen ganz bestimmt ein Mitternachtsbuffet aufgebaut mit Pizza und anderen Anti-Diät-Betthupferln.

Was glaubst Du nun wohl, warum der liebe Gott das Kotzen erfunden hat? Nicht um Dich zu ärgern oder zu quälen? Nein im Gegenteil, denn es gibt doch keinen strafenden Gott, der Dich leiden sehen will – oder hat Dir der Pastor damals etwas anderes erzählt?

Es ist eigentlich so: der liebe Gott ist nur besorgt um Deine Figur, die am Ende Deiner Schiffsreise sonst aussehen würde, als wenn Du Deine komplette Garderobe in die Kleidersammlung geben und Dich neu drei Nummern größer einkleiden müsstest. Allerhöchstens Deine Socken und Deine Krawatten würden noch passen. Sogar Deine Unterhosen müsstest Du Dir sonst neu kaufen, da aus Deinen normalen Slips der Marke „Sloggy-Longlong" plötzlich String-Tangas geworden wären.

Was machen eigentlich die anderen seegang-ungeübten Landratten? Und was für Tipps und Tricks haben die Profis, die Repeater unter den Seefahrern, drauf?

Hier nun folgen die zusammengeraubten und erfolgreichen Tipps und Tricks gegen das Kotzen.

Tipps und Tricks gegen das Kotzen Teil 1

Im Internet war ich bereits vor meiner Reise bei der Suche nach einer umfassenden und befriedigenden Antwort zum Thema „Seekrankheiten" auf eine Gesundheits-Ratgeberseite gestoßen, die zumindest Auskunft darüber gab, was es mit der Seekrankheit so auf sich hat.

So bezeichnet man die Seekrankheit auch als Kinetose, Bewegungskrankheit oder Reisekrankheit. Aber das kennen wir ja schon und ist nix Neues. Man fasst die unterschiedlichen Körperreaktionen zusammen, die vor allem auf See oder im Flugzeug, aber auch im Auto oder im Bus bei unruhiger Bewegung des Fahrzeugs auftreten können. Zwar gewöhnen sich die meisten Menschen nach einigen Tagen an die schwankende Fortbewegung, aber bis dahin muss man womöglich nicht nur Übelkeit, sondern gar Erbrechen, Durchfall und Kopfschmerzen ertragen.

„Wenn die Ozeanwellen so richtig wogen und das

Schiff zusätzlich zum Auf und Ab in eine Seitwärtsbewegung trudelt (seemännisch: rollt), hört der maritime Genuss für viele Leute auf: Die Augen verlieren den Horizont aus dem Blick, kalter Schweiß bricht aus, der Magen krampft sich zusammen und scheint sich schließlich zu drehen. Jeder Gedanke an Essen oder Trinken führt mindestens zu einem "Uups" und schließlich nehmen die Würgereflexe überhand...‟

schreibt der medizinische Ratgeber im besten Bildzeitungs-Stil auf seiner Homepage. Und weiter:

„Regelrechte Gegenmittel gegen die Seekrankheit gibt es nicht. Handelsübliche Mittel gegen Reisekrankheit im Allgemeinen wirken dämpfend auf die entsprechenden Zentren im Gehirn, machen allerdings meist müde. Sprechen Sie mit Ihrem Arzt über das passende Medikament für Sie.‟

Das ist ja wirklich beruhigend. Regelrechte Gegenmittel gibt es nicht! Dass ich nicht lache. Es muss doch irgendwer mal was richtig Sinnvolles erfunden haben.

Ich recherchierte also weiter und stieß auf eine Homepage, die ich Dir einfach nicht vorenthalten möchte.

Dort wurde eine „Seebrille" - ja richtig, eine Seebrille und keine Sehbrille - angeboten. Und das Ganze soll deshalb und ohne jede Nebenwirkung funktionieren, weil in der Seebrille ein künstlicher Horizont integriert wurde, der auf einer Flüssigkeit schwimmt und damit dem Auge eine feststehende Bezugsebene „vorgaukeln" soll.

So wird der Gleichgewichtssinn nicht gestört, die Seekrankheit tritt erst gar nicht auf und der Träger der Seebrille kann seine Seefahrt in vollen Zügen genießen.

Der Hersteller erzählt, dass die Brille ihren Härtetest bei Windstärke acht auf der MS Helgoland vor anwesenden Journalisten bestanden hat. Die Brille hat sich nicht übergeben. Was davon zu halten ist, bleibt jedem selbst überlassen.

In jedem Falle habe ich an Bord keinen einzigen Passagier mit einer verdächtig aussehenden - und mit einem künstlichen Horizont versehenen - Brille entdeckt, obwohl ich mir jeden Brillenträger genauer angeschaut habe.

Aber ich bekam viele wertvolle Tipps von den bereits

kreuzfahrterprobten Mitreisenden, die ich gerne an dieser Stelle weitergeben möchte, falls Du nach der Lektüre dieses Büchleins immer noch nicht von Deinem Vorhaben abzubringen bist, eine Schiffsreise zu buchen.

So heißt es:

„Wenn es mit dem Seegang einmal ungemütlich werden sollte, sollten Sie nicht weiterlesen, falls dies gerade Ihre Beschäftigung war, sondern fixieren Sie in Fahrtrichtung einen festen Punkt am Horizont".

Dies gilt auch für diesen Ratgeber, solltest Du es gerade an Bord auf irgendeiner Kreuzfahrt lesen; falls Dir nicht schon alleine durch das Lesen dieses Kapitels auch bei absolut ruhiger See übel werden sollte.

Ein weiterer Tipp lautete:

„Halten Sie sich vornehmlich an der frischen Luft auf und folgen Sie den Bewegungen des Schiffes - am besten auf der (windabgewandten!) Leeseite. Falls Sie sich doch übergeben müssen, stehen Sie dort für Sie sehr viel günstiger, da ihnen dann nicht ihr eigenes Essen vom Wind zurückgeworfen wird."

Oder mit den markigen Worten der rauen Seeleute zu

sprechen:

"Kotzt Du in Lee, geht's in die See. Kotzt Du in Luv, kommt's wieder ruf."

Denke bitte daran: Deine Magensäure könnte Deinen einzigen Smoking in Sekundenbruchteilen zerfressen wie ein Schwarm hungriger Motten.

Es heißt weiter:

„Vor und während der Reise sollten Sie nur leichte, fettarme Mahlzeiten zu sich nehmen".

Mit Verlaub! Dieser Ratschlag ist das Blödeste, was ich in Zusammenhang mit einem Vier-Sterne-Luxusliner gehört habe. Das kann allen Ernstes keiner wirklich durchhalten. Bei den äußerst schmackhaften, aber oft mächtigen Kalorienbomben ist es nahezu unmöglich, leicht und fettarm an Bord zu überleben. Es sei denn, man lässt sich vom Schiffsarzt mit Zwieback und Tee zwangsernähren.

Aber wer macht das schon freiwillig, wenn man keinen triftigen Grund dafür hat? Eher will ja insbesondere der deutsche Kreuzfahrer jeden Cent seiner teuren All-Inklusive-Luxus-Reise in unbegrenzt zur Verfügung stehenden lukullischen Genüsse eingetauscht wissen.

Auch wenn man schon pappsatt ist und immer häufiger die „Bäuerchen" (vulgärer: Rülpser) zu hören sind: Ein Nachschlag geht immer noch rein.

Kannst Du Dir eigentlich vorstellen, was Dich auf einem Kreuzfahrtschiff an Grausamkeiten in Bezug auf Essensportionen erwartet?

Kaum, behaupte ich mal. Es sei denn, Du warst schon einmal auf einem Kreuzfahrtschiff und hast die manchmal über 3 Stunden dauernde Schlemmerorgie des allabendlichen Abendessens mit Bedienung kennenlernen dürfen.

Für alle diejenigen Leser, die noch ihre jungfräuliche Seefahrt vor sich haben, ein kleiner Vorgeschmack auf das, was Dich erwarten könnte.

Falls Du das nicht ertragen kannst, weil Du schon beim bloßen Lesen der Speisenkarte Blähungen bekommen solltest, dann überlese einfach den folgenden Abschnitt und gehe über zu den weiteren Kotzvermeidungstipps.

Ansonsten darf Dir jetzt ungeniert das Wasser im Munde zusammenlaufen.

Exkurs: Bordverpflegung

Bei der persönlichen Menü-Zusammenstellung galt immer grundsätzlich Folgendes: Entweder wahlweise oder alles zusammen, wie das Herz begehrte. So konnte man sich auch nur aus den Vorspeisen etwas zusammenstellen lassen oder sich nur mit den Hauptgängen oder den Nachspeisen vergnügen.

Hier nun die komplette Wiedergabe eines Abend-Dinners an Bord eines deutschen Vier-Sterne-Kreuzfahrtschiffes:

*** Vorspeisen ***

Karibische Melonen mit Bananenscheiben

Marinierte Artischockenböden mit Krebsfleisch und frischer Mango gefüllt

----

Dominica-Bataten-Carpaccio (keine Ahnung, was das ist) zu grünem Paprika, Koriander-Knoblauchdressing und Cajunschinken (was „Cajun" ist, wusste ich nicht, deshalb hatte ich auf diese Vorspeise vorsichtshalber verzichtet)

*** Zwischengang***

Hühnercremesuppe mit gebackener Entenleber und Thymiancroutons

----

Tom Yam Kung - Thailändische Garnelensuppe scharf und erfrischend säuerlich, abgeschmeckt

Hauptspeisen

Kingfischfilet auf Zwiebel-Rosmarinpüree mit sautierten Cocktailtomaten und gebackenen Frühlingsgemüsestreifen

----

Unter einer Lauchhaube gebratenes Kasselersteak, gekräuterte Fingermöhren mit Spargel und tournierte Kartoffeln

----

Mexikanisch marinierte Beeftranchen auf Zuckerschoten, Maiskölbchen und Frühlingszwiebeln in Soja-Sesamfond an Paprikareis

Zusätzlich auf alles

Salat und frisches Obst vom Buffet

Damit aber nicht genug. Jeden Tag gab es zusätzlich zur Auswahl auch ein kaltes Gericht. Hier der Vorschlag vom gleichen Tage auf der nicht enden wollenden Abendkarte:

Aus der Kalten Küche:

Gekräutertes Roastbeef mit Tomaten-Zwiebel-Relish, kleinem Salat und Vollkornbrot

Dann ging es weiter zum opulenten Nachtisch-Fassen mit garantiertem Zuckerschock-Erlebnis:

Nachspeisen

Holländer Sahneschnitte

Schokoladenmousse mit eingelegten Cognac Kirschen

Mandarinen und Erdbeerkompott

Limetten-Karamelparfait auf einem Salat von frischen Orangen und Mangos

Internationales Käsesortiment mit frischem Baguette und Trauben vom Kapitänsbuffet

Kaffee und Tee

Für die Gesundheitsbewussten unter den Reisenden durfte natürlich auch die fleischlose Variante nicht fehlen:

Vegetarische Fitnessküche

Gekühlte Melonenschnitte mit Bananenscheiben

Gebackene Selleriescheiben auf Zwiebel-Rosmarinpüree mit sautierten Cocktailtomaten und frittierte Frühlingsgemüsestreifen

---

Vanillequarkklößchen zu Erdbeerkompott

Caro Landkaffee und Kräutertee

Lasse Dir das wirklich mal auf der Zunge zergehen. Schließe die Augen und spreche mir nach und schmecke mit allen Sinnen. Alleine diese exquisite, hochgestochene Küchensprache! Wer kann sich nur so etwas ausdenken? Da braucht man zumindest ein Hochschulstudium, um sich solche Formulierungen ausdenken zu können.

Hand auf´s Herz. Wusstest Du, was „tourniert" und „sautiert" bedeutet? Ich nicht. Da wäre ich ganz bestimmt bei Günter Jauch´s „Wer wird Millionär" als Kandidat jämmerlich durchgerasselt.

Auf so einer Luxus-Kreuzfahrt will man ja auch einen guten, gebildeten und weltmännischen Eindruck vermitteln, und da ist es eher peinlich, den Kellner zu fragen, was das alles auf der Speisenkarte zu bedeuten hat. Muss ja nicht jeder sofort merken, dass man normalerweise nicht in Edelrestaurants mit Geheimsprache verkehrt, sondern eigentlich eher in der Fritten- oder Dönerbude oder in den etwas anderen Restaurants dieser Welt. Ich meine damit McDonalds, Burger King und Co.

Meine damalige Stammkneipe in Köln am Zülpicher Platz, die wunderbar leckere und billige Mittagsgerichte für die Berufstätigen anbot, hätte die obige Dinner-Speisenfolge sicherlich wie folgt in ihrer Speisenkarte beschrieben:

Melonenstücke mit Bananenscheiben

Artischocken mit Krebsfleisch und Mango-
scheiben

Dünn geschnittener Schinken mit Paprika und
Knoblauchsoße

***

Hühnersuppe mit Einlage

Scharfe Thaisuppe mit Schrimps

***

Fischfilet, gebraten mit gedünsteten Zwiebeln,
Tomaten und Gemüse

Scheibe Kasseler, Lauchgemüse mit Möhren,
Spargel und Salzkartoffeln

Rinderbraten mit Sättigungsbeilage (der Wirt
stammte aus den neuen Bundesländern) und
Reis

Also tut man besser so, als wenn die Speisenkarten-Geheimsprache die normalste Sache der Welt ist und macht gute Miene zu diesem täglichen Küchenquiz.

Ergänzend zu diesem Dinner-Menü möchte ich Dir natürlich nicht die Getränkeempfehlung des Oberstewards für diesen Abend vorenthalten. Sie lautete:

Dry Sack Sherry 4cl 2,90 €

***

2000 Petit Chablis, AOC, Henri Laroche, trocken, elegant

0,2 l: 6,20 € ; 0,75 l : 23,50 €

***

2000 Cotes du Rhone « Monterot » AOC, Erzeugerabfüllung C. Rocher, trocken, fruchtig, kräftig

0,2 l: 4,60 €; 0,75 l: 16,40 €

***

Lysholm Linie Aquavit, 4 cl 2,60 €

Die Preise stammten von Januar 2002 und wurden ganz frisch in der damals eingeführten EURO-Währung ausgedruckt. Mangels talentiertem Rechengenie an Bord hatte man die Zahlen so gelassen und einfach die Währungsbezeichnung von DM auf EUR abgeändert. Das war zwar nahezu eine sofortige Verdoppelung der Einnahmen, aber den Gästen war es peinlich, das zu reklamieren, denn alle waren ja irgendwie schwerreich, oder man tat zumindest so, sonst hätten sie sich die Kreuzfahrt ja nicht leisten können.

Abgesehen davon also, dass die Getränkeempfehlung zumindest für mich noch abenteuerlicher und geheimnisvoller war als die Bezeichnungen der Speisen (welcher Normalsterbliche weiß denn schon, was „AOC" bedeutet), waren die Preise hierfür ganz schön heftig. Aber vielleicht empfand ich dies nur so und Du, verehrter Leser, siehst das möglicherweise ganz anders und als ganz normal an.

Schon am ersten Abend nach intensivem Studium der diversen Getränkekarten dachte ich mit leichten Schauerwellen an die unvermeidlich bevorstehende Endrechnung am Ende der Reise. Das Allerschlimmste war, dass ich aus den Beschreibungen der Weine nicht entnehmen konnte, ob es sich um einen Rot-,

Rose- oder Weißwein handelte. Ja, bitteschön, schlage jetzt ruhig die Hände über Deinem Kopf zusammen; ich gebe es zu: Ich bin ein Kulturbanause. Du kennst sicherlich schon längst die Lösung des obigen Weinrätsels. Aber ich musste verschämt unsere freundliche Bedienung, die für die Getränke zuständig war, fragen. Sie klärte mich dankenswerter Weise auch ganz diskret auf. Die Antwort habe ich zwar bekommen, aber ich weiß es nicht mehr. Deshalb musst nun Du im Ungewissen bleiben – es sei denn Du bist ausgebildeter Sommelier.

Der Tag ging aber mit dem opulenten Abendmahl beileibe noch nicht zu Ende, obwohl an uns danach stetig bleierne Müdigkeit hoch kroch, da alles Blut, was noch im Schädel war, in den Magen abkommandiert wurde, um dort die Schwerstarbeit des Verdauens und des Magenleerens zu verrichten. Denn auf jedem Unterhaltungsdampfer gibt es von 23.00 bis 24.00 Uhr noch den berühmten Mitternacht-Snack für alle, die immer noch nicht satt zu sein schienen. Und ich habe dort oft Warteschlangen vor den Hotdogs, den Pizzen, der kräftigen Gulaschsuppe und den kleinen Tapas gesehen.

Kein Wunder also, dass man danach nicht richtig schlafen kann, ständig im Schlaf pupst und bei nur leichtem Seegang das reichliche, noch nicht verdaute und deshalb noch nicht im Darm angekommene Essen in der Kabine wieder ausspuckt.

Und das sind dann auch meist genau die unausstehlichen Passagiere, die dann am nächsten Morgen kreidebleich und aggressiv am Kaffeeautomaten stehen und unentwegt vor sich hin brummeln, dass einem schlecht ist und man sie nur ja nicht ansprechen soll.

Ja – es geschieht ihnen recht! Sollen sie sich doch irgendwo in einer Ecke verkriechen, herumschmollen und diese Ungerechtigkeit der Nahrungsverteilung gegenüber den vielen hungernden Menschen auf diesem Erdball herausbrüllen. Wenn's geht, dann mit dem Brüllen gleich das immer noch nicht verdaute Essen mit hinaus befördern. Sollen wenigstens die hungernden Fische dieser Welt von dieser dekadenten Lebensweise einiger Unersättlichen profitieren.

Man muss sich wirklich manchmal fragen, wenn man so die harmlos und bieder aussehenden Menschen auf einem Kreuzfahrtschiff beobachtet, wie sie ihre ganz persönliche Schlacht am Büffet führen, wie sie sich wohl zu Hause benehmen. Ob sie da auch alles in sich hineinstopfen, was angeboten wird, nur um nachher den Finger in den Hals zu stecken und alles wieder auszukotzen?

Aber ich denke, das ist eine Sache der Erziehung und der Sichtweise, ob jemand sich im Wohlstand oder im Mangel sieht.

Kein Wunder also, dass auf einem Kreuzfahrtschiff viele nicht so richtig die Reise genießen können, weil ihnen penetrant schlecht ist. Denn einen Schuldigen findet man ja immer an dem eigenen miserablen Zustand. Schuld ist die Reederei, die eine solche Fress-Reise anbietet; schuld ist der Kapitän, weil er absichtlich in die hohen Wellen hineinfährt, schuld ist der Chefkoch, weil er verdammt noch mal so unwiderstehlich leckere Sachen komponiert, die man einfach alle essen muss; schuld ist der Kellner, der einem auch noch den zehnten Kräuterschnaps als wichtig und verdauungsfördernd andreht; schuld bin letztlich auch ich, der Autor dieses schändlichen Werkes, der den Lesern ständig den Appetit verdirbt und zum Kotzen verführt. Wenn nun aber alles nicht beachtet wird an präventiven Maßnahmen, nämlich möglichst nur leichtes Essen und wenig Alkohol bei beginnendem Seegang, dann helfen nur die weiteren Tipps und Tricks aus der Seemannskiste.

Tipps und Tricks gegen das Kotzen Teil 2

Nach Erfahrungen der Vielreisenden sollen Kaubewegungen die Überreaktion des Magens mildern: Nicht nur Kaugummi oder Äpfel, sondern auch Möhren sollen wirkungsvoll sein.

Da man noch nie seekranke Hasen beobachten konnte, muss an der Mohrrübe als Spuckbremse was Wahres dran sein.

Man weiß ja nie, wann es plötzlich losgeht mit der Übelkeit. Deshalb: Achte also darauf, dass sich in Deiner Hose immer eine Karotte befindet. Männer sollten sich jedoch vorher fragen, ob diese vorbeugende Methode für sie besonders klug ist. Je nach Größe des Wurzelgemüses – versteht sich.

Daher kommt auch die launige, leicht frivole Bemerkung der Frauen, die dann genau erkennen können, ob man Links- oder Rechtsträger ist.

Eigentlich sollte nachfolgender Tipp eine Selbstverständlichkeit und jedem halbwegs Erwachsenen bekannt sein: Alkoholische Getränke meiden und nicht rauchen, wenn es losgehen sollte. Aber - was macht hingegen der harte Mann von Welt? Er trinkt einen Magenbitter gegen die aufkommende Übelkeit - und noch einen, weil der erste noch nicht so richtig Wirkung zeigt und man außerdem auf einem Bein nicht richtig stehen kann - und noch einen, weil er so schön von innen wärmt, und noch einen - bis dann die ganze Suppe schneller wieder rauskommt, als man sich die erstbeste Tüte schnappen kann.

Und so ist oft nur noch die geräumige Handtasche der sorgenvoll neben sich sitzenden Gattin die letzte greifbare Rettung.

Gott sei Dank gibt es jedoch in der Bordboutique neben diversem Galadinner-Schmuck und Sonnencreme auch wunderschöne, zudem sündhaft teure Handtaschen zu kaufen. Kleine Vergehen bestraft der liebe Gott meist sofort.

Ein weiteres streng von den Russen gehütetes Gegenmittel möchte ich an dieser Stelle hinzuzufügen: "Pfefferwodka" - unisono empfohlen von allen russischen Besatzungsmitgliedern aller deutschen Kreuzfahrtschiffe. Wer das Zeug trinkt, hat danach andere Sorgen als den Seegang. Er macht sich auf die Suche nach seinem Magen, der sich aufgelöst zu haben scheint. Zumindest glaubt man, an Stelle seines Verdauungsorganes nun ein großes Loch im Bauch zu haben.

Bei Medikamenten gegen Reisekrankheit sollten diese nur in Absprache mit dem Arzt eingenommen werden, da manche oft größere Nebenwirkungen haben als Wirkung erzielt wird, warnen vor allem jene Passagiere, die bereits die Nebenwirkungen übermächtig zu spüren bekamen und sich letztlich nicht im Klaren darüber waren, ob die leichte Seekrankheit ohne Pillen nicht das kleinere Übel gewesen wäre.

Suchst Du weiter nach todsicheren Geheimtipps, um das Kotzen zu verhindern, dann versuche es doch mal mit Akupressur. Das kommt aus der TCM-Medizin und ist entfernt verwandt mit der Akupunktur. Nur dass Du an Bord nicht herum zu laufen brauchst wie ein mit Nadeln übersäter Igel, sondern dass du bestimmte Stellen, welche die Chinesen Meridiane nennen und sowas wie Leitbahnen im unsichtbaren energetischen

Aura-Körper darstellen, stimulieren kannst. Da gibt es zum Beispiel einen Akupressur-Punkt am Handgelenk, der irgendwie direkt mit dem Gleichgewichtssinn in Verbindung steht. Stimuliert man also diesen besonderen Punkt durch Drücken mit den Fingern, so soll das bereits das Aufkommen der Seekrankheit verhindern. Da wir Menschen und insbesondere urlaubsreife Kreuzfahrer besonders faul sind und es nicht schaffen, andauernd diesen Meridianpunkt zu drücken, hat man spezielle Armbänder erfunden, die man sich wie eine Ersatzuhr ans Handgelenk schnallt und auf deren Innenseite eine Art Dorn oder Noppe montiert wurde. Diese Noppe übernimmt nun den Fingerdruck und drückt nun beständig auf die Meridianbahn, die zum Gleichgewichtssinn führt. Und so soll dieser stimulierte Akupressur-Punkt dafür sorgen, dass es einem erst gar nicht übel wird. Wissenschaftlich bewiesen ist diese Methode noch nicht. Bei dem einen wirkt es, bei dem anderen nicht. Mag sein, dass da der sogenannte Placebo-Effekt eine Rolle spielt. Bekanntlich versetzt ja der Glauben nicht nur Berge, sondern lässt auch einen nicht kotzen.

Aber wir sind noch nicht am Ende mit den Tipps. Kommen wir nun zu den synthetischen Mitteln. Zunächst sind da zu nennen die sogenannten Reisekaugummis wie zum Beispiel „Superpeb".

Der darin enthaltene Wirkstoff Dimenhydrinat wird beim Kauen aus der Kaumasse gelöst und geht direkt über die Mundschleimhaut in die Blutbahn. Auf diese Weise soll eine geringe Wirkstoffkonzentration ausreichend sein. Angeblich machen Reisekaugummis deshalb nicht so müde wie Tabletten mit dem gleichen Wirkstoff Dimenhydrinat. Nur zum Verständnis, damit Du nicht googeln oder den Apotheker fragen musst: Bei Dimenhydrinat handelt es sich um ein sogenanntes H1-Antihistaminikum, das die Histaminrezeptoren im Gehirn hemmt. Histamin wird bei Reiseübelkeit aufgrund eines Verarbeitungskonflikts durch verschiedene Sinneseindrücke vermehrt ausgeschüttet und bewirkt eine Stimulation des Brechzentrums im Gehirn. Aber das hatten wir ja auch schon im Buch behandelt. Der Wirkstoff Dimenhydrinat soll also genau dort einsetzen, wo die Reiseübelkeit entsteht.

So harmlos der Begriff „Reisekaugummi" auch wirkt,

es ist ein apothekenpflichtiges Arzneimittel.

Da gibt es aber auch die Pflaster hinter den Ohren (z.B. Scopoderm). Sie sind nicht nur apothekenpflichtig, sondern sogar rezeptpflichtig und beinhalten einen anderen Wirkstoff, nämlich Scopolamin. Auch dieser wird von den Arzneimittelherstellern als Wirkstoff verwendet, um Übelkeit und Erbrechen bei Reisekrankheiten zu vermindern. Ich wiederhole und betone nochmal: „zu vermindern".

Solltest Du irgendwann mal vorhaben, statt eines Maschinenschiffes ein Segelschiff wie z.B. die „Alexander von Humboldt", das Schiff mit den grünen Segeln, welches für Beck's Bier die Meere unsicher macht, für eine Kreuzfahrt zu chartern, und Du hast Dir diese synthetischen Arzneimittel zur Vorbeugung von Seekrankheiten einverleibt, dann darfst Du nicht hoch auf das Rigg. Schluss mit lustig, die Segel selbst hissen zu wollen, denn das wäre aufgrund der gravierenden Nebenwirkungen wie nachlassende Reaktionsgeschwindigkeit oder latente Müdigkeit viel zu gefährlich.

Also dann doch vielleicht lieber was Sanftes, aber

ebenso Wirkungsvolles und vor allem ohne Nebenwirkungen?

Wie wäre es mit Ingwer?

Frischer Ingwer in Scheiben scheint tatsächlich den Brechreiz zu reduzieren und gegen kalte Schweißausbrüche zu wirken. Sagt die melanesische Hausfrau aus der Südsee, wo angeblich der Ingwer her kommen soll.

Denn Ingwer hat eine sogenannte antiemetische Wirkung (von griechisch anti - gegen, emesis – Erbrechen). Ingwer gilt als nebenwirkungsarm und enthält viel Vitamin C, Magnesium, Eisen, Calcium, Kalium, Natrium und Phosphor.

„Aber wo bekommt man so plötzlich diese süßlichbrennend scharfen Gewürzknollen in therapiegerechten Großmengen für sagen wir 500 bis 4.000 Passagiere her?", könnte sich der Kreuzfahrer-Neuling fragen.

Er fragt mit Recht. Meines Wissens haben nur die kleineren Luxusliner ab 5 Sterne aufwärts und bis zu 400 Passagieren diese kulinarische brechreizmindernde Alternative im Programm. Auf der MS EUROPA (einziges fünfeinhalb-Sterne-Schiff der Luxus-Yacht-Klasse, mit der ich auch zweimal in der Südsee herumschaukelte) zum Beispiel wird Ingwer in mundgerechten kleinen Stückchen und mit Zucker überzogen in Sektkübeln auf den Gängen diskret angeboten, wenn mindestens Seegang der Stärke 6 angesagt ist. Wehe dem Passagier, der die Sektkübel in höchster Not zweckentfremdet und sich dort hinein übergibt – ohne vorher die Ingwerstückchen herauszunehmen.

Er wird anschließend zum eigenhändigen Säubern der süßen Nascherei in die Kombüse abkommandiert.

Geht's denn eigentlich noch sanfter, vorbeugender, ohne irgendwelche Mittel zu sich nehmen zu müssen?

Na klar, die habe ich auch, nur da hält sich in der Regel keiner dran. Glaubst Du nicht? Na dann hier meine absolut risiko- und nebenwirkungsfreie Hitliste:

Sollte es Dir mulmig werden, gehe rechtzeitig an Deck und fixiere den Horizont. So stimmt der visuelle Eindruck des schwankenden Horizonts mit der „gefühlten" Bewegung überein und Dein irritierter Gleichgewichtssinn kann aufatmen.

Halte Dich viel an der frischen Luft auf, möglichst in

der Schiffsmitte (im vorderen Bereich des Schiffes schwankt es besonders!)

Wenn's heftiger wird: Lege Dich mit geschlossenen Augen auf den Rücken (nur ein Sinneseindruck).

Dieser Tipp mit dem flachen Hinlegen habe ich von vielen Seereisenden gehört und scheint tatsächlich eine sofortige Linderung einzuleiten. Denn dann muss Dein Körper nicht noch zusätzlich krampfhaft die Senkrechte halten, wenn er damit beschäftigt ist, sich irgendwie elegant aus der Situation zu mogeln.

Meine heftigsten Stürme hatte ich auf der Nordsee zwischen Hamburg und Bergen, auf der Fahrt von Cabo San Lucas über den pazifischen Ozean nach Hawaii und einmal im Schwarzen Meer.

Da ging es richtig ungemütlich zu.

Auf der altehrwürdigen TS Maxim Gorkij war's, da war die See so ruppig, dass manche Leute wirklich glaubten, das Schiff bricht auseinander und dachten, ihr letztes Stündlein hätte geschlagen. Da auch der Bordpfarrer irgendwie der Ansicht war, nun ginge die Welt tatsächlich unter, versammelte er seine Schäflein von der Morgenandacht vor der Rezeption, alle legten sich

brav auf Geheiß mit dem Rücken auf den Boden, um-
klammerten ihre Bibel vor dem Bauch und alle sprachen laut das "Vater-Unser". (Tipp für Oberschlau! An
der Rezeption ist es meistens am ruhigsten, denn
diese befindet sich meist in der Mitte des Schiffes und
auch in den unteren Etagen.)

Eine irreale Situation, die zu Tode Geängstigten auf
dem Rücken kreuz und quer liegen zu sehen mit der
Bordbibel auf dem Bauch. Jeder der vorbeikam und
nicht von der Seekrankheit betroffen war, stand stau-
nend vor dieser liegenden Ansammlung von Menschen. Diejenigen, denen es auch nicht gut ging und
eigentlich auf dem Weg zum Bordarzt durch die Gän-
ge schaukelten, legten sich kurzerhand dazu, schlos-
sen die Augen und warteten auf das Jüngste Gericht.
Auch ich kam damals zufällig an der Rezeption vorbei,
da meine Kabine direkt dahinter lag. Ich wollte in der
Kabine nur regenfeste Kleidung holen, um dann wieder nach Draußen zu gehen, um die tosende See um
mich herum zu genießen. Und ich kam gerade in dem
Moment an der auf dem Boden liegenden Gruppe
vorbei, als sie die Stelle im Vaterunser mit angstvoller

Stimme rezitierten: ...und erlöse uns von dem Übel.".

Kein Scherz, aber einige kotzten dann ganz genau in dem Moment, als sie das Wort „Übel" aussprachen.

Abgesehen von der Notsituation vor der Rezeption ist es auf einem typisch deutschen Kreuzfahrtschiff nicht so leicht, sich einfach flach hinzulegen. Du kannst Dich nicht einfach da hinlegen, wo es Dir schlecht wird, denn da müssen andere Seekranke möglicherweise über Dich hinweg steigen.

Es ist zum einen aufgrund der doch eher zierlichen Größe deutscher Musikdampfer im Vergleich zu den amerikanischen und italienischen schwimmenden Städte recht eng, insbesondere auf den Gängen unter Deck, zum anderen findest du zumeist keine freie Liege an Deck, denn die sind irgendwie immer alle belegt. Auch wenn keine Menschen darauf rösten, sondern nur Handtücher, Bücher aus der Bordbibliothek oder Kabinenschlüssel einsam Wache halten.

Zum Thema Sonnenliegen an Bord eines Kreuzfahrtschiffes habe ich folgende nette Begebenheit erlebt, die sich irgendwo zwischen Salvadore de Bahia und Recife an einem Seetag vor der brasilianischen Ostküste auf dem Atlantik zugetragen hatte.

Exkurs „Sonnenliegen"

Der Sonnenaufgang für den heutigen Tag wurde vom Kapitän auf 06.12 Uhr festgelegt. Aufgrund des übervollen Magens vom Vorabend konnte ich nicht ruhig durchschlafen und war deshalb recht früh auf den Beinen. Ich schaute zunächst aus dem Bullauge und stellte fest, dass die Sonne noch nicht aufgegangen war. Ein Blick auf den Reisewecker bestätigte mir, dass die Sonne laut Kapitäns-Prognose noch gar nicht aufgehen durfte, denn es war erst kurz vor 06.00 Uhr. Da ich hellwach war, dachte ich mir, dass es eine perfekte Gelegenheit wäre, sich die Videokamera zu schnappen und einen genialen Sonnenaufgang an Bord der Arkona filmisch festzuhalten. Ich zog mich geräuschlos an, klemmte mir Tagesprogramm und Kamera unter den Arm und schlich aus der Kabine. Meine damalige noch und jetzt nicht mehr Ehefrau schlief noch fest und schnarchte leise vor sich hin.

Oben auf dem Bootsdeck angekommen, begrüßte mich der jungfräuliche Tag noch im Halbdunkel. Über Nacht schien es geregnet zu haben, denn die Schiffsplanken und die Bestuhlung waren plitschnass.

Hinsetzen konnte ich mich also noch nicht - solange die unermüdlichen Helfer noch nicht die Tische und Stühle abgewischt hatten. Denn erst in einer Stunde sollte es am Außenpool den sogenannten „Frühauf-steher-Kaffee" mit warmen Croissants geben.

So machte ich mich mangels besserer Alternativen auf zu einem Rundgang um das Schiff (im Fitnesspro-gramm des Schiffes als „Joggingrundkurs um den Schornstein" bezeichnet).

Auf dem Bootsdeck auf der Backbordseite (das ist in Fahrtrichtung links) stieß ich unverhofft mit einem anderen Frühaufsteher zusammen.

Er erschrak richtig, als er mich wahrnahm. Er führte Böses im Schilde. Das sah ich ihm direkt an. Seine Augen waren angstweit aufgerissen, so, als wenn er auf frischer Tat ertappt worden wäre.

Alleine schon, wie er aussah: Kurze, geblümte Schlaf-anzughose über mächtigem Schmerbauch, Unterhemd der Marke „Feinripp", die wenigen Haare auf seinem schütteren Haupt hingen seltsam verbogen an seinen Ohren herab, so als wenn er frisch aus dem Bett gekrochen wäre und noch keinen Blick in den Spiegel hatte werfen können. Kurze, dunkelblaue Socken steckten in braunen Sandalen. Kurz: Sehr verdächtig! So stand er in gedrungener Gestalt vor mir, gebeugt von der Last, die er mit sich schleppte: Zwei große, blaue Badehandtücher, eindeutig Eigentum der MS Arkona, zwei weiße Stofftaschen mit der Aufschrift „Seetours" und weitere Utensilien wie die Duschgel-Fläschchen aus dem Bad. Mit diesen „persönlichen" Sachen wollte er sicherstellen, später „seinen" Liege-stuhl auch identifizieren zu können.

Denn er war offensichtlich gerade dabei, zwei Liege-stühle zu präparieren, sprich: zu reservieren. Warum nicht? Auch wenn noch gar nicht die Sonne scheint, geschweige denn aufgegangen ist; früh übt sich, wer braungebrannt von der Reise nach Hause kommen will.

Es ist eine ekelhafte Unsitte gerade bei uns Deut-schen, immer und überall irgendwas für sich in Besitz nehmen zu wollen - und sei es nur zwei Liegestühle. So harmlos fing das damals auch auf Mallorca an. Und heute ist die Baleareninsel bereits das inoffizielle 17.

Bundesland der Deutschen. Wehret also den Anfängen!

So schaute ich ihn auch entsprechend missbilligend an und ließ ihn damit wissen, dass ich seine Aktion nicht gutheißen würde.

Er hatte offensichtlich den Sinnspruch des Tages missinterpretiert - respektive zu seinen Gunsten ausgelegt. Der Sinnspruch des Tages kam von Cicero, der gesagt haben soll: „Wie du gesät, so wirst du ernten." Unser Frühaufsteher deutete dies sicherlich so: „Säe zwei Handtücher und ernte zwei Ruheliegen in absoluter Toplage."

Sei es drum! Sollte ich mir den Tag dadurch vermiesen lassen? Was geht mich das überhaupt an? So drehte ich weiter meine Runden und kam vorne am Bug des Schiffes an. Hier blies einem so richtig der Fahrtwind entgegen. Der Kreuzer fuhr derzeit bestimmt um die 20 Knoten (37,04 km/h). Das ist mächtig schnell. Aber vorne ist es einfach schöner als hinten auf dem Pool-Deck. Man schaut voraus und nicht zurück. Die beiden Schornsteine in der Mitte des Schiffes tragen zudem ihren klappernden Auspufflärm nicht nach vorne, sondern nach hinten.

Man hört außer dem Gleitgeräusch durch die sich teilenden Wellen fast nichts. Eine himmlische Ruhe. Sogar ruhiger als in meiner Kabine, die sich so ziemlich genau über den großen Schiffsmotoren befinden muss und deshalb immer irgendwie geräuschvoll vor sich hin vibrieren.

Schon nach dem 4. Tag an Bord muss ich desillusioniert feststellen, dass es trotz der Stille des großen Ozeans um einen herum an Bord doch recht laut ist. Allgegenwärtig ist das grummelnde Vibrieren des Schiffes zu hören. Es verursacht ein permanentes Grundgeräusch, das immer da ist, solange die Schiffsmotoren laufen - und die laufen eigentlich immer, auch wenn man im Hafen ist. Denn von irgendwoher muss ja der Strom auf dem Schiff her kommen. Aber keine Sorge. Von Tag zu Tag nimmt man dieses Schiffsgeräusch immer weniger bewusst war. Es ist ins Unterbewusstsein abgedriftet.

Ich genieße das leere Vordeck und den Fahrtwind und das Rauschen des Wassers tief unter mir. Vor mir fliegen einige besonders große Seemöwen in elegantem Gleitflug auf der Jagd nach einem leckeren fliegenden Fisch, der in dieser Gegend in Scharen zu finden ist. Diese fliegenden Fische fliegen wirklich - oft viele Meter weit und knapp über der Meeresoberfläche. Es ist beeindruckend, diese bei ihrem Gleitflug zu beobachten.

Auf der Steuerbord-Seite gehe ich langsam wieder zurück zum Pool-Deck. Ich komme vorbei an der Kommandobrücke und werfe einen Blick durch die spiegelnden, schrägen Fensterscheiben. Ein halbrunder aufgeräumter Raum ist zu sehen mit einem langgezogenen Pult voller elektronischer Geräte, Bildschirme und Tastaturen. Trotz der überraschenden Größe des Raumes sah ich nur 2 Personen in Uniform an der Brücke stehen, die jedoch offensichtlich nicht mit dem Lenken des großen Schiffes beschäftigt waren. Ein kurzer Aussetzer meines Herzschlages war die Folge dieser Erkenntnis. Wer lenkt denn nun das Schiff? Ach ja - mir fiel ein, dass ich irgendwo gelesen hatte, dass die heutigen Luxusliner ziemlich automatisch durch die Weltmeere rauschen. Ein satellitengesteuertes System hält den Kurs. Nur noch vor Hafeneinfahrten wird das persönliche Können der Kapitäne benötigt. Den Rest erledigt das geniale GPS-Navigationssystem in Verbindung mit den neuen elektronischen Seekarten.

Die Sonne geht auf! Glutrot und wunderschön. Das Morgenlicht taucht das weiße Schiff in orangefarbene Töne. Eine unwirkliche Morgenstimmung ist zu spüren. Meine Videokamera nimmt dankbar dieses grandiose Schauspiel auf.

Auf den noch feuchten Schiffsplanken spiegelt sich der beginnende Tag. Es ist wunderschön. Sogar braune Sandalen mit blauen Socken spiegeln sich auf dem nassen Boden. Sie sind vor mir. Ganz deutlich.

Was macht denn dieser kugelige Mensch mit Halbglatze nun auf der anderen Seite des Schiffes? Schon wieder belegt er zwei Liegen mit Handtüchern und kunstvoll aufgeschlagenen Büchern aus der Bordbibliothek. Soll wohl den Anschein erwecken, als wäre er gebildet. Oder will er den Eindruck vermitteln, dass die Liegen eben erst von lesewütigen Bordratten für kurzen Moment verlassen wurden und die Eigentümer gleich wieder zurückkehren würden? Raffinierte Taktik. Muss man sich merken.

Ich fasse es nicht. Da belegt ein einzelner Mensch gleich vier Liegen auf diesem Schiff in aller Herrgottsfrühe. Warum nur? Ich spreche ihn einfach an. Ich will wissen, warum er das tut. Er sieht jetzt nicht mehr schuldbewusst aus, sondern kampfeslustig. Wie ein Tier, das in die Enge getrieben wird.

„Einen wunderschönen guten Morgen, ist er nicht herrlich?" säusele ich. Er schaut mich verdrießlich an.

„Können wohl auch nicht in der engen Kabine schlafen? Haben ja recht, draußen ist die Luft besser..." versuche ich es weiterhin. Ich merke, dass ich unter seinem bohrenden, stummen Blick anfange zu stammeln.

Jetzt nehme ich all meinen Mut zusammen: „...aber gleich vier Liegen. Ist ein wenig außergewöhnlich", beende ich meinen Monolog ziemlich kleinlaut. Ich lächele ihn verkrampft an. „Wer sich in Gefahr begibt, kommt darin um!", wusste schon mein Vater mir einzutrichtern - offensichtlich bei mir vergeblich.

Der Kugelige schaut mich noch einen Moment reglos an, dann bricht er sein eisernes Schweigen. Mein zaghaftes Lächeln schien bei ihm wohl so eine Art Entwarnung ausgelöst zu haben.

„Meine Frau hat mich rausgeschickt - meinen Sie, mir macht das Spaß, jeden Morgen in aller Frühe aus dem Bett zu kriechen und diese blöden Liegen zu reservieren? Sie will es so. Und was soll ich denn machen? Wenn ich die Liegen nicht reserviere, hängt den ganzen Tag der Haussegen schief. Sie müssen mal meine Frau kennen lernen, wenn die sauer ist. Dann ist mit der nicht zu spaßen. Also was soll ich machen?" sprudelte es nur so aus ihm heraus. Plötzlich tat er mir unendlich leid. „Und ich tue das ja auch nur, weil sie so sehr an der Seekrankheit leidet und immerfort jammert, was ich ihr angetan habe, als ich diese verdammte Kreuzfahrt gebucht habe. Nichts ist ihr recht. Aber sie will wegen ihrer penetranten Übelkeit auch nicht in der Kabine bleiben, das würde ihren Zustand in der engen, fensterlosen Unterkunft nur noch verschlimmern, sagt sie." Er zuckt hilflos die Schultern: „Und der Bordarzt hätte ihr gesagt, sich bei aufkommender Übelkeit mit geschlossenen Augen hin zu legen. Am besten in frischer Luft; tja und so schleiche ich hier nun jeden Morgen in Allerherrgottsfrühe um das Schiff, um noch freie Liegen zu ergattern. Die anderen Passagiere kommen ja auch gleich und reservieren. Da muss ich halt schneller sein, damit meine Frau an der frischen Luft ihre penetrante Übelkeit auch nur annähernd erträglich aushalten kann."

Ich schaue ihn verdattert an. Eine solche Geschichte als Entschuldigung für das Reservieren von Liegestühlen habe ich ja noch nie gehört. Einfach genial! Aber diesem armen Kerl glaube ich es auch noch. Jedoch drängt sich mir noch eine Frage auf:

„Und warum denn gleich je zwei Liegen auf jeder Seite des Schiffes?"

„Tja, wissen Sie, das ist auch so ein Spleen von meiner Frau. Sie will abwechselnd einen Sonnen- und einen Schattenplatz - und sie will dann nicht immer nach freien Liegen suchen müssen. Sie sehen ja, wie voll das Schiff ist - und die besten Plätze sind immer belegt."

„Haben Sie denn noch keinen Ärger mit den anderen Passagieren bekommen? Die müssen das doch längst bemerkt haben."

„Doch, schon. Die haben auch schon einmal einfach alle Sachen in eine Ecke geschmissen und sich dann auf den freigeräumten Liegestuhl gelegt. Als wir dann von der anderen Seite kamen und wieder wechseln wollten, gab es richtig Krach mit diesen Leuten. Meine Frau hat die ziemlich grob zur Schnecke gemacht."

„Und Sie? Sie sind doch offensichtlich gar nicht mit dieser Aktion einverstanden. Warum machen Sie das denn noch mit? Lassen Sie doch einfach Ihre Frau die Liegen nur für sich reservieren und distanzieren Sie sich davon.", schlug ich oberschlau vor.

„Da kennen Sie meine Frau aber nicht. Die reicht glatt die Scheidung ein."

„Wäre das denn so schlimm für Sie?", fragte ich mit unschuldigem Augenaufschlag.

Er schaute mich verdutzt an. Diese Frage hatte er sich wohl selbst noch nie gestellt.

„Darüber sollte ich ehrlich ernsthaft nachdenken. Danke für das nette Gespräch. Sie haben da in mir was in Gang gesetzt - das muss sich jetzt erst mal setzen.", sprach's, nahm die Sachen von einer Liege wieder herunter, tippte sich zum Gruß an die Stirn und watschelte mit einem unergründlichen Grinsen und kampfbereitem, vorgestreckten Kinn davon. Ich schlenderte nachdenklich und mit einem Kopfschütteln weiter und wieder zurück zum Bootsdeck. Ich stellte mich an die Reling und schaute auf das tief unter mir aufgewirbelte, ultramarinblaue Meer, das die mächtigen Schiffsschrauben unter Wasser verursachten. Ein langer, am Horizont verschwindender breiter Streifen aufgewühlten Atlantik-Ozeans folgte dem Schiff - so wie der Kondensstreifen eines Flugzeuges am Himmel. Ansonsten nur unendliche Weite. Die See ist glatt. Vielleicht Seegang eins oder zwei. Das hält sogar ein sonst chronisch Seekranker aus.

Tipps und Tricks gegen das Kotzen Teil 3

Du hast es ja vorher in der kleinen Exkurs-Geschichte gelesen und hoffentlich daraus auch Deine eigene Schlüsse gezogen. Falls Du weißt, dass Du oder Deine Anvertrauten tendenziell anfällig sein könnten gegen jede Art von Bewegungskrankheiten, dann spare nicht an der falschen Stelle.

Buche lieber gleich beim Reisebüro eine Außenkabine mit Ausblick, besser noch mit Balkon, auch wenn sie etwas teurer kommt. Denn sollte die obige Geschichte dann zu Deiner eigenen Geschichte an Bord werden, kannst Du Deinen über alles geliebten, aber grummelnden, seekranken Partner einfach in der Kabine zurücklassen. Und wenn es Dich selbst erwischen sollte, hast Du ein feines Zimmer mit Ausblick auf den tosenden Ozean, der Dich gerade verschlingen will samt Deiner noch nicht erbrochenen Kotze. Und wenn Du echte Seebären fragen würdest, dann raten Sie Dir zur Vorbeugung der Seekrankheit dringend und vor allem vom Genuss von Rotwein und Salami auf einer Schiffsreise ab. Der Grund: Beide lassen den Histaminspiegel im Blut ansteigen. Und was das bedeutet, habe ich Dir ja bereits erklärt. Nämlich säurehaltiges, Deine Speiseröhre verätzendes Erbrechen.

Aber da gibt es noch weitere Möglichkeiten, die Seekrankheit und das damit einhergehende penetrante Übelkeitsgefühl auszutricksen. Allerdings musst Du da tief in die homöopathische und alternativmedizinische Trickkiste greifen. Bist Du für sowas offen? Sind Dir Hildegard von Bingen, Bachblüten, Globolis, Schüssler-Salze, EFT und Quantenheilung ein Begriff? Kennst Du die Arbeitsweise der Heilpraktiker, Geistheiler, Energetiker und Energiemediziner? Dann darfst Du weiterlesen. Denn was jetzt kommt, basiert letztlich auf uraltes Heilwissen der Schamanen, aber auch auf neueste wissenschaftliche Erkenntnisse der Quantenphysiker. Aber in unserer von Apparatemedizin und Pharmaindustrie beherrschten Heilungswelt ist kein wirklicher Platz mehr für Heilende Hände, Klopfakupressur oder Licht- oder Heilsteintherapie. Denn damit lässt sich nicht das große Geld verdienen. Die angehenden Ärzte lernen in ihrem Medizinstudium meist in den ersten Semestern auch etwas über den Placebo-Effekt. Dann aber wird es irgendwie vergessen und nicht weiter verfolgt. Schade drum, denn gerade energetische Heilmethoden, unter anderem mit hochpotenzierten, hochschwingenden, jedoch wissenschaftlich nicht mehr nachweisbaren Heilinformationen der Heilpflanzen oder Heilsteine helfen oft besser und haben kaum oder keine Nebenwirkungen. Denn alle diese alternativen Heilmethoden haben nur eines zum Ziel: Die Aktivierung der in einem innewohnenden Selbstheilungskräfte.

Deshalb an dieser Stelle ein kleiner Streifzug durch unkonventionellen Heilmethoden und Heilmittel, die sich besonders bei jeder Art von Reisekrankheit bewährt haben.

Zu nennen ist da zunächst mal die Klosterapotheke der ehrwürdigen Nonne Hildegard von Bingen, die damals ihrer Zeit sehr weit voraus war und bereits die gesundheitlichen Zusammenhänge zwischen Körper, Seele und Geist erkannte. Heute wirbt nahezu jede Apotheke mit Rezepten aus der Hildegard-Medizin. So empfiehlt Hildegard von Bingen gegen Erbrechen eine Bibernell-Teemischung oder Kekse, die aus Bibernell-Mischpulver (Mutterkümmel, weisser Pfeffer, Bibernelle) hergestellt werden. Die berühmteste und bekannteste Vertreterin dieser Heilpflanze namens Bibernelle ist sicherlich der Anis. Die Zutaten bekommt man in jeder Apotheke und im Internet ganz leicht das entsprechende Rezept. Sicherlich hast Du als aufgeklärter, moderner, wissender Mensch auch mal was von Bach-Blüten gehört. Dabei meint es nicht, dass es sich hierbei um Pflanzen handelt, die an einem Bach wachsen. Vielmehr ist der Begriff auf einen britischen Arzt namens Edward Bach zurück zu führen, der die These vertrat, dass jede Krankheit auf eine seelische Gleichgewichtsstörung beruhe.

Bach beschrieb zunächst neunzehn Gemütszustände, erweiterte das Repertoire später aber auf „38 disharmonische Seelenzustände der menschlichen Natur". Diesen ordnete er Blüten und Pflanzenteile zu, die er in Wasser legte oder kochte und die so ihre „Schwingung" an das Wasser übertragen sollten. Aus diesen Urtinkturen wurden anschließend durch starke Verdünnung die sogenannten Blütenessenzen hergestellt. Die Bach-Blüten-Therapie wird heute noch sehr kontrovers diskutiert, da es keine messbaren wissenschaftlichen Beweise für eine Wirkung gibt. Deshalb ordnen die Gegner dies als reines Wunschdenken und als Placebo-Effekt ein. Durch die starke Verdünnung der gewonnenen Blütenessenzen ähnelt die Bach-Blüten-Methode auch die der Homöopathie, die vom deutschen Arzt Samuel Hahnemann begründet wurde. Wenn Du Dich also einen Deut darum scherst, was andere davon halten und Du Dich auf Deine Selbstheilungskräfte verlassen willst, dann versuche es mal mit den Essenzen „Rescue"-Tropfen (Notfall-Tropfen) in Kombination mit „Scleranthus" (Nelkengewächs) und „Gentian" (Herbstenzian). Das soll eine hilfreiche Reisemischung sein, die auch die verstärkende Angst mit berücksichtigt. Jede gut sortierte, moderne Apotheke führt diese Essenzen und klärt Dich sicherlich gerne auf.

Kommen wir zum nächsten homöopathischen Hilfsmittel, den Schüßler-Salzen. Schüßler-Salze sind alternativmedizinische Präparate von Mineralsalzen in homöopathischer Dosierung (Potenzierung). Die Therapie mit Schüßler-Salzen geht auf den homöopathischen Arzt Wilhelm Heinrich Schüßler zurück und basiert auf der Annahme, Krankheiten entstünden allgemein durch Störungen des Mineralhaushalts der Körperzellen und könnten durch homöopathische Gaben von Mineralien geheilt werden. Der homöopathische Grund- und Leitgedanke von Samuel Hahnemann war, dass Ähnliches mit Ähnlichem geheilt werden sollte. So wollte das Schüßler aber doch nicht sehen und differenzierte, dass sein Verfahren mit gepressten hochpotenzierten Salzen kein homöopathisches, sondern auf physiologisch-chemische Vorgänge im menschlichen Organismus zurück zu führen sei. Wie dem auch sei – wenn sich Gelehrte streiten, freut sich der Patient. Du hast nun als Laie auf diesem Gebiet die Qual der Wahl unter insgesamt 12 Salzen oder „Funktionsmittel" und weiterer, später dazu gekommener Ergänzungsmittel. Ich habe mich für Dich schlau gemacht und mir für eine Reisekrankheit die richtige Kombination von Schüßler-Salzen zusammenstellen lassen. Sie besteht aus drei der ursprünglich

12 Funktionsmittel und einem Ergänzungsmittel und tragen die Nummern 3,7,8 und 14.

Machen wir dann mal weiter mit den alternativen Heilmitteln, die insbesondere in esoterischen Kreisen äußerst beliebt sind.

Zu nennen sind da zunächst sogenannte Heilsteine. Du musst dazu wissen: Jeder Stein auf diesem Planeten ist einzigartig und es gibt diesen nicht ein zweites Mal in genau der Form, der Zusammensetzung, der Größe, der Farbe, der Struktur und des Gewichtes als auch der individuell schwingenden Energie. So wie es auf dieser Erde keinen Menschen exakt ein zweites Mal gibt. Auch nicht bei eineiigen Zwillingen. Jeder ist ein einzigartiges Individuum und wir haben unsere eigenen Geschichten und unsere eigenen Wahrheiten. Jeder von uns! So geben auch die Heilsteine eine ganz eigene Schwingung ab und wenn diese in Resonanz zu uns gehen, dann können sie uns nützlich sein. Deshalb gehen richtige, echte Esoteriker, die was auf sich halten, in einen Esoterikladen und suchen sich ihren Stein höchstpersönlich aus, in dem sie mit geschlossenen Augen die Steine in die Hand nehmen und hineinfühlen. „Klebt" dann der Stein an ihnen und es entsteht das Gefühl der Verbundenheit, dann ist es der Richtige.

Aber auch wenn Du weit davon entfernt sein solltest, nun künftig „Halleluja", „Om" und „Namaste" zu rufen und Du möglicherweise auch sehr distanziert zu spirituellen Dingen stehen solltest, weil Dir die Beweise fehlen oder nicht genügen, so schadet es sicherlich nichts, sich damit ein wenig zu beschäftigen und vielleicht es mit einem solchen kleinen Stein, den man dann im akuten Falle auf die Haut in Höhe der Thymusdrüse auflegt (sie liegt hinter dem Brustbein zwischen Deinen Brustwarzen; bitte vorher prüfen, wo sich diese derzeit befinden). Sie wächst im Kindesalter bis zur Geschlechtsreife und bildet sich dann zurück. Die Thymusdrüse ist maßgeblich am Aufbau des Immunsystems beteiligt und unterstützt das Wachstum sowie den Knochenstoffwechsel.

Schon die alten Griechen wussten, dass die Thymusdrüse die Lebensenergie steuert (das griechische Wort „Thymos" bedeutet Lebensenergie).

In Kreisen der Energiemediziner gilt die Thymusdrüse

in allererster Linie als Kontrollstelle des Meridiansystems im Körper. Wichtige Eigenschaften, die die Thymusdrüse in ihrer Funktionalität beeinflussen sind unter anderem Gefühle wie Liebe, Angst, Hass, Neid, Vertrauen, Dankbarkeit und Mut.

So kann es nichts schaden, wenn man dieses kleine Kraftwerk mit einem passenden Heilstein verstärkt. Man sagt dem Türkis, eines der am längsten bekanntesten und bedeutendsten Heilsteine, entsprechende Heilkräfte gegen Übelkeit, Erbrechen aber auch gegen Angst und „Nichtloslassenkönnen" nach.

Aber auch der Aquamarin wird als Heilstein gegen Seekrankheiten hoch verehrt. Einer Legende nach stammt er aus der Schatzkiste einer Meerjungfrau. Dadurch leitet sich sein Name ab, welcher übersetzt "Meerwasser" heißt. Er gilt deshalb allgemein als Schutzstein gegen Seekrankheit. Selbst Hildegard von Bingen, eine bis heute berühmte Persönlichkeit der mittelalterlichen Steinheilkunde, hatte ihn bereits erwähnt und beschrieben.

Anstelle eines Heilsteines kann man aber auch bei akuter Brechgefahr sanft und im Rhythmus auf die

Thymusdrüse klopfen. Das ist auch eine alternative Selbstheilungsmethode, die keinen Cent kostet und ohne Risiken und Nebenwirkungen ist.

Das Ganze hat dann auch einen wissenschaftlichen Namen, nämlich EFT oder Emotional Freedom Techniques. Sie hilft unter anderem gegen Stress und akute Erregung, die ja auch bei Seekrankheit gegeben ist.

Klopfe einfach in sanftem Rhythmus – ich bevorzuge den Wiener Walzer als Taktgeber – auf die Thymusdrüse und sage leise zu Dir „Dieses Übelkeit – dieser Brechreiz – diese verdammte Kreuzfahrt – dieser blöde Käpt'n, dieser Schwindel, diese Seekrankheit". Und schwuppdiwupp, hat sich das Ganze irgendwie relativiert und Du fühlst Dich spontan besser. Der Trick dahinter, sich auf das Problem zu konzentrieren und es nicht weg haben zu wollen, ist eine Akzeptanz des Istzustandes. Es ist! Punkt! Ich kann nichts ändern und ich akzeptiere es. So einfach.

Auch wenn es mir im Moment Oberscheiße geht, und ich wirklich jeden Moment alle vollkotzen könnte, akzeptiere und liebe ich mich und es ist alles o.k. mit mir. Sag' das mal, wenn Dein Mund sich schon mit

Brocken füllt, die raus wollen. Schluck's runter und versuche es. Es hilft. Eine schöne Variante dieses befreienden Klopfens besteht darin, sich das Problem selbst einfach zu erzählen und dabei permanent diesen Punkt zu klopfen. Du darfst dabei wirklich alles sagen, was Du möchtest, auch schimpfen und mit Dir hadern - wichtig ist nur, dass Du eingestimmt bist und klopfst.

Nach einiger Zeit wirst Du wahrscheinlich merken, dass die Intensität der Übelkeit nachlässt und Du dem Ganzen möglicherweise mit mehr Abstand gegenüberstehst. Achte nicht auf die Menschen um Dich herum, die Dir interessiert, aber mitleidig zuhören, wahrend Du irgendwas vor Dir hin brabbelst, Dich selbst beschimpft und Dir dabei im Walzerrhythmus wie ein Orang-Utan auf die Brust klopfst.

Manche Menschen machen sich möglicherweise Gedanken darüber, ob ihre Probleme durch das ständige Wiederholen beim Klopfen nicht stärker werden. Beim EFT scheint es dagegen so zu sein, dass sich irgendwie und wissenschaftlich noch nicht ganz erforscht die Verbindung zwischen dem Problem des Gleichkotzen-

müssens und den damit verbundenen Emotionen lösen; das heißt, das Problem wird durch die Stimulation des Punktes von den mitgespeicherten Emotionen
entkoppelt und mit einer Entspannungsreaktion neu
verschaltet.

Noch zu erwähnen wären kurze Akupunkturnadeln im
Ohr, die nach einiger Zeit von selbst abfallen. Diese
haben sich als präventive Maßnahmen mittlerweile gut
bewährt.

Außerdem gelten Akupunkturnadeln bei den Kids im
Moment absolut als obercool und sind damit voll im
Trend. Wenn Du als Elternteil Dein Kind vor Dauer-
hässlichkeit durch lebenslange Tattoo-Bemusterung
bewahren willst, dann empfehle Deinem Sprössling
die TCM-Akupunktur mit dem angenehmen Nebenef-
fekt, dass Dein Kind auf See nicht reihern muss.

Aber man sollte sich die Nadeln von einem erfahrenen
Akupunkteur oder TCM-Arzt setzen lassen. Das ist
aber meist an Bord nicht möglich, denn diese Spezia-
listen reisen leider nicht mit; wegen des Seeganges –
Du verstehst. Die treffen dann bei Seegang mög-
lcherweise die Ohren nicht und dann kann das dann

leicht in's Auge gehen – sprichtwörtlich!

Weiter's gibt es noch kleine Magnete hinterm Ohr oder Globulis aus der homöopathischen Apotheke.

Auch der folgende Tipp ist Gold wert – diesen aber nicht weitersagen und für Dich behalten. Warum, das verrate ich Dir gleich.

Falls Dein Schiff in raue See gerät und Du zwangläufig mit ihm, dann springe sofort in den nächst erreichbaren Pool und nehme keine Rücksicht auf die möglicherweise gerade stattfindende Wassergymnastik der alten Repeater-Riege, die glauben, dass das Schiff und damit auch der Pool ihr persönliches Eigentum wären und jeden aus dem Pool vertreiben, die nicht gewillt sind, mit ihnen synchron in eine Richtung zu schwimmen. Platze einfach mit einer gekonnten Arschbombe mitten in den planschenden Hühnerhaufen mit ihren putzig-bunten Blümchen-Badekappen. Gackernd werden sie aus dem Pool entfliegen und Du hast ihn für Dich alleine. Warum dieser streng geheime Geheimtipp, sich ins Wasser zu begeben? Nun - auf Kreuzfahrtschiffen lässt sich die ruppige, Übelkeit erzeugende Zeit alternativ auch gut im Pool verbringen, bis der Spuk vorbei ist, weil nämlich das Wasser im Schwimmbecken die Schiffsbewegungen kaum mitmacht. Allerdings sollte man sich dann nicht am Beckenrand festhalten oder im Wasser stehen oder sitzen. Als Dauertherapie ist der Pool leider eher ungeeignet, da man ja auch nicht stundenlang im Pool bleiben kann, wenn es denn mit dem schlechten Wetter länger andauern sollte. Die Haut könnte dann unangenehm ekelig schrumpelig werden. Außerdem hat die Schiffsbesatzung die doofe Angewohnheit, sofort das Wasser aus dem Becken zu lassen und ein Netz darüber zu spannen, wenn das Wasser im Pool anfängt, überzuschwappen und die am Pool sitzenden Gäste zu benetzen. Auch kann es vorkommen, dass der Pool zwischendurch für Modenschauen der bordeigenen Boutique, Gesangswettbewerben, Tanzeinlagen oder für die Demonstration der Eisschnitzkunst des philippinischen Gemüse-Dekorateurs zwangsenteignet wird und kurzerhand eine Bretterbühne über den Pool gelegt wird. Wehe, Du bist im Planschbecken eingeschlafen, man sieht Dich nicht und Du kommst dann nicht mehr raus, wenn die Abdeckung erst mal luft- und blickdicht draufliegt. Aber Wasserleichen sind ja auch mal was anderes an Bord eines Schiffes. Hat man nicht alle Tage.

Zurück zum eigentlich Zweck dieses epochalen Werkes, welches Dir ja nur dabei helfen soll, irgendwie besser mit der Seekrankheit umzugehen nach dem Motto: „Gefahr erkannt, Gefahr gebannt" oder auch: „Erkannter Feind ist halber Feind".

Da dieses Kotzbüchlein in keiner Weise ein medizinischer oder alternativmedizinischer Ratgeber sein soll und ich Dir immer und überall dringend rate, zu Risiken und Nebenwirkungen Deinen Arzt oder Apotheker zu fragen, begnüge ich mich mit diesen kurzen Hinweisen auf diese alternativen Methoden zur Vorbeugung und Linderung einer Reisekrankheit.

Und wenn es dann trotz der vielen Hinweise dennoch soweit ist und Du es nicht mehr verhindern kannst: Trink so viel lauwarmes Wasser wie möglich! Damit meine ich nicht ein oder zwei Liter, sondern eher 10 oder 20 Liter, Du kotzt sowieso alles wieder aus und es bricht sich dann sehr viel angenehmer.

Seegang und Windstärke

Mal kurz den groben Spaß bei Seite geschoben, denn nun liefere ich verwertbare Fakten für den ernsthaft interessierten Leichtmatrosen und Möchtegern-Seekranken. Denn Seekrankheit an Bord kann auch eine ziemlich scharfe Waffe sein. Denn sie erheischt auch Mitleid und Rücksichtnahme auf den im Sterben liegenden Passagier.

Insbesondere Männer neigen dazu, sofort mit dem Sterben zu beginnen, wenn es ihnen nicht gut geht. So taumeln sie gerne kreidebleich und stark gekrümmt, begleitet von heftigen Würgereiz-Attacken über das frisch geschrubbte Deck in Richtung ahnungslos auf ihren Liegen dahindämmernden Artgenossen, um vor diesen mit geschlossenen, gequälten Augen hervor zu stöhnen, dass sie sich sofort hinlegen müssen, damit nicht Schlimmeres passiert. Wenn dann ein solch offenkundig von Seekrankheit geschütteltes Häuflein Elend vor Dir steht mit Würgereflexen in Richtung Deines Gesichtes, dann wirst Du schleunigst Deinen hart erkämpften Liegestuhl freiwillig räumen.

So kommt man dann auch bei vollbelegtem Schiff zu einen der äußerst selten freien Sonnenliegen. Bitte merken! Natürlich solltest Du beim Nachmachen einen kleinen Umweg nehmen zu Deinem Lieblings-Liegestuhl, den Du gleich für Dich erobern willst und nicht direkt von der Poolbar schnurstracks auf Dein Opfer zu rennen. Man muss ja nicht gleich mitbekommen, dass Du schon am Vormittag besoffen bist und Dich ermuntert fühlst, Deinen schauspielerischen Ambitionen nach zu gehen, um vielleicht vom Kreuzfahrtdirektor entdeckt und für die nächste Kreuzfahrt als Solokünstler engagiert zu werden.

Aber das würdest du ja sowieso nie im Leben tun, solche fiesen Tricks anzuwenden. Das machen nur die anderen. Wappne Dich also vor den vielen sich auch an Bord befindlichen Simulanten, die nur auf Deinen Liegestuhl scharf sind und Dir was von Seegang der Stärke 12 erzählen wollen, der da draußen außerhalb des Schiffes toben soll, während in Deinem Cocktailglas absolute Windstille herrscht. Willst Du wissen, was es mit Seegang und Windstärke auf sich hat?

Denn nur dann kannst Du ein Wörtchen mitreden, wenn andere kreuzfahrterfahrene Passagiere Dir was vom Klabautermann erzählen wollen. Zum Beispiel, wenn Dir diese mit todernster Miene einreden möchten, mit Seegang der Stärke 12 den Panama-Kanal befahren zu haben.

Achtung, also genau lesen und merken. Denn passt Du jetzt genau auf, dann kannst Du die Seemannsgarn spinnenden Aufschneider nur müde, aber wissend anlächeln und dagegenhalten, dass Du es schon mit Tiefseemonstern zu tun gehabt hast. Und dann bist Du dran und darfst von Deinem heldenhaften Kampf gegen 30 Meter lange Koloss-Kalmare in allen Einzelheiten berichten und nebenher mit gelangweilter Miene erwähnen, dass die besten Tentakel-Stücke gerade in der 4-Sterne-Bord-Küche zu gegrillten Calamari verarbeitet werden.

Zurück zu den Begriffen „Windstärke" und „Seegang". Zuerst solltest Du wissen, wovon hier überhaupt die Rede ist – von Windstärke oder von Seegang. Beide entsprechen einander, aber es sind zwei unterschiedliche Skalen. Wenn Du nun gegenüber Deinen Mitreisenden den Oberlehrer herauskehren willst, dann gebe ich Dir jetzt Informationsfutter an die Hand zum schlau Daherreden. International gültig ist heute die 12-stufige Beaufortskala, bezeichnet nach Francis Beaufort (1774-1857), der jedoch die Scala des Windmessens nicht erfand, diese jedoch später so stark publizierte, dass man dieses Messverfahren schließlich einfach nach ihm benannte. Die Beaufortskala ist eine Skala zur Klassifikation von Winden nach ihrer Geschwindigkeit. Im Laufe der letzten Jahrhunderte waren es schon mal bis zu 17 Windstärken, die es zu unterscheiden galt. Aber im Jahre 1970 wurde sich dann endgültig auf eine 12-teilige Skala international geeinigt. Für diese Skala mitsamt der Beschreibung nach phänomenologischen Kriterien gibt es jedoch keine verbindliche Version, so dass sie überall auf der Welt in den unterschiedlichsten Varianten verwendet wird. Hier einige Beispiele für eine beschreibende, phänomenologische Skaleneinteilung der Windstärken. Windstärke „0" ist wohl jedem klar. Bei Null tut sich nix, also Windstille oder Flaute. Die Wirkung auf der See ist dann auch entsprechend. Die See wirkt spiegelglatt. Die Seegang-Skala, die mit der Windstärken-Skala korrespondiert, aber mit neun Unterteilungen auskommt, wurde vom deutschen Kapitän Peter Petersen 1927 eingeführt. Nehmen wir obige Windstärke Null als Pendant zur Seegang-Skala, so beschreiben wir die Stärke des Seegangs ebenfalls mit „Null" und in Worten mit „völlig ruhige, glatte See".

So, das hätten wir jetzt leicht hinter uns gebracht; aber da gibt es ja noch ein paar mehr Skalenbereiche nach oben.

Wenn der Kapitän wie gewohnt jeden Morgen nach dem Frühstück, wenn er sicher ist, dass alle Passagiere genug Spuckmaterial im Magen haben, um 10.00 Uhr deutscher Pünktlichkeit die nautischen Daten über die Bordlautsprecher durchgibt wie z.B. den aktuellen Standort des Schiffes in Längen- und Breitengrad, wieviel Seemeilen man schon zurückgelegt hat und wie viele es noch sind bis zur nächsten Destination und dann zum Schluss die aktuelle Windstärke und den Seegang vorliest: spätestens dann, wenn die Skala den Wert von 3 übersteigen sollte, wird es den ersten Passagieren plötzlich speiübel. Auch wenn sie es vorher gar nicht waren. Denn das Bewusstmachen der aktuellen Schaukelbewegungen des Schiffes löst bei manchen Sensibelchen erst die Seekrankheit aus. Ein wirklich gut gemeinter Tipp von mir. Wenn der Kapitän morgens den Wetterbericht vorliest: einfach die Ohren zuhalten und nicht hinhören. „Was ich nicht weiß, macht mich nicht heiß" sagt schon der Volksmund treffend. In diesem Falle: „...macht mich nicht seekrank".

Was bedeutet denn nun Windstärke 3? Nun, eigentlich nicht viel, viel zu wenig für eine Übelkeit - sollte man meinen. Aber Einbildung soll ja bekanntlich auch zur unterschwelligen Übelkeit führen. Windstärke 3 bedeutet „schwache Brise" und fällt noch unter Seegang der Skala 2 und heißt beschreibend „schwach bewegte See mit Anfängen von Schaumbildung". Die Schaumbildung bezieht sich bitteschön auf die Schaumkronen auf dem Meer und nicht auf den vielleicht bei manchen überempfindlichen Möchtegern-Seefahrern sich bereits jetzt formende Schaum vor dem Mund.

Erst so ab Seegangstärke 6 (Windstärke 7) wird's dann doch recht ungemütlich und spätestens dann sollte man auch wirklich mit dem Verzehren von Verpflegung aufhören. Bei diesem Seegang der Stärke 6 spricht man schon von sehr grober See, die Wellen brechen sich und bilden weiße Schaumflecken. Es herrscht starker Wind.

Schluss mit lustig und einem wirklich nicht zu wünschen ist dann der Seegang der Stärke 9, das Ende der Skala, wenn die Windstärken 10, 11 und 12 zusammengefasst nur noch als schwerer Sturm, orkanartiger Sturm und als Orkan bezeichnet werden. Dieser als außergewöhnlich schwere See bezeichnete Seegang verursacht wahre Wellenberge, die sich so hoch auftürmen können bis zum Schornstein eines Luxusliners und deren Wellentäler so tief sind, dass die Schiffe darin ganz verschwinden. Die See kocht und ist nur noch weiß von Schaum.

Dann – nur dann, höre bitte auf, weiter in diesem Buch zu blättern, um noch nach einem todsicheren Tipp gegen diesen Monsterseegang zu suchen. Es gibt keinen. Schnalle Dich mit Deinem Hosengürtel irgendwo fest, damit Du nicht über Bord gehst und bete das Vaterunser.

Es macht keinen Sinn, sich in die Kabine zu begeben, denn der Wäschewagen auf dem Gang samt Reinigungspersonal, der Pfarrer mit seinen betenden Schäflein im Foyer, alles fliegt Dir entgegen. Die Schwerkraft scheint aufgehoben. Hast Du es dennoch bis in Deine Kabine geschafft, dann werden Dir sicherlich der Fernseher, die Wasserflaschen, Deine Ehefrau, dein Ehemann oder sonstige Kabinenmitbewohner entgegenfliegen. Auf das Bett legen nützt auch nicht viel. Denn Du wirst unvermittelt wieder aus dem Bett katapultiert, wenn Du mit dem Schiff ins nächste Wellental eintauchst. Willst du Dich ans Bett festschnallen: vergiss es! Du fliegst mit dem Bett durch die Kabine – garantiert.

Vergiss alles, was Du in diesem Buch und in allen anderen Ratgebern gelesen hast; in diesem Moment nützt nichts, außer, Du legst mal vorsorglich die Rettungsweste an, ziehst Dich warm an, setzt Dir eine wärmende Mütze auf und sortierst Deine wichtigen Dokumente wie zum Beispiel Deine letzten Verfügung.

Und warte einfach, bis der Orkan sich wieder gelegt hat. Denn so wie er gekommen ist, wird er irgendwann auch wieder vorbei sein. Und dann darfst Du Dir Deine Wunden lecken und von diesem Abenteuer noch lange zehren am Lagerfeuer Deiner Urenkel.

Aber das muss man wirklich nicht erleben und ich habe das auch noch nicht live erlebt. Gottseidank. Meine persönliche Bestmarke war Windstärke 9 (Sturm) bei Seegang 8 (hohe See), die ich mit meiner Ehefrau Nummer 3 auf einer Kreuzfahrt mit der MS Artania in der Nordsee zwischen Hamburg und Bergen (Norwegen) erleben durfte.

Gottseidank bin ich bisher von dieser Krankheit verschont geblieben und kann deshalb nicht im Geringsten nachfühlen, wie das so ist, wenn man mit Schweißausbrüchen und Übelkeit zu kämpfen hat und man nur noch sterben will. Aber es heißt auch, wenn man einmal die Seekrankheit erlebt und überstanden hat, dann bekommt man sie nie wieder im Leben. Das ist doch mehr als tröstlich, oder?"

Wir haben nun – ich hoffe es zumindest – eine Menge Spaß miteinander gehabt. Ich beim Schreiben dieses

Büchleins, Du sicherlich beim vergnügten Lesen. Neben kleiner Exkurs-Geschichten und viel schrägem und sicherlich auch oft derben Humor hoffe ich, Dir auch wirklich bodenständige, nützliche Tipps an die Hand gegeben zu haben, so dass Du nach Auslesen des Buches das Gefühl hast, dass jeder Cent für den Kauf dieses literarischen Jahrhundertwerkes richtig angelegt ist. Falls Du das Buch jedoch geschenkt bekommen hast, dann bedanke Dich überschwänglich beim Gönner und spendiere ihm eine gemütliche Überfahrt von Cuxhaven nach Helgoland und wünsche ihm Seegang mindestens der Stärke 9 an den Hals und nahe den stinkenden Dieselmotoren. Damit der Schenkende auch einmal persönlich in den Genuss des Kotzens kommt.

Falls Du jetzt glaubst, ich hätte alles gesagt und das Buch steuert auf den Abspann zu, dann hast du Dich getäuscht. Halte noch ein Kapitel aus, denn jetzt wird es richtig spannend. Wir gehen der wichtigen Frage nach, was Kotzen aus spiritueller Sicht bedeutet.

Kotzen aus spiritueller Sicht

Wie heißt es doch so schön: Jeder bekommt das, was er verdient. Diese Aussage betrachte jetzt erst einmal wertneutral, denn nur wir machen mit unserer eigenen Kopfgeschichte daraus entweder eine negative Bemerkung oder ein Lob. So wie wir uns, das Gegenüber und die Welt sehen wollen. Und da sind wir – ganz zum Schluss und sozusagen als Highlight meines ergötzlichen Buches zu einem wichtigen Aspekt der Seekrankheit gekommen. Ich möchte sogar behaupten, dem wichtigsten Aspekt dieser Krankheit. Zu erkennen und zu hinterfragen, warum denn überhaupt dieses Krankheitsbild sein muss, warum Menschen überhaupt seekrank werden und andere wiederum nicht. Bislang haben wir uns in diesem Ratgeber nur mit den Symptomen beschäftigt und mit der Bekämpfung der Symptome. Aber jede physische Krankheit hat auch eine Ursache. Diese liegt zumeist im psychischen Bereich. Die Mediziner und Psychologen sprechen deshalb auch von psychosomatischen Krankheiten. Falls Du anfällig sein solltest für alle

Arten von Bewegungskrankheit, dann wäre es sicherlich für Dich interessant zu hinterfahren, woher das denn überhaupt kommt, wo im psychischen Bereich die Ursache hierfür zu finden ist. Bist Du Dir nämlich der Ursachen für diese Krankheitsform bewusst, kann die Krankheit durch Transformation – oder anders ausgedrückt – durch Veränderung Deiner Sichtweisen zum Leben, der Veränderung oft nur weniger Parameter in Deinem Leben, überwunden werden. Sie braucht nie wieder aufzutauchen.

Wie ich weiter vorne bereits ausführlich geschrieben habe: Die Reisekrankheit beginnt meist mit einem leichten Gefühl von Schwindel. Den Begriff „Schwindel" solltest Du im wahrsten Sinne dieser Bedeutung wörtlich nehmen und zwar auch in einem tieferen, übertragenen, psychischen Sinne. Hinterfrage doch einmal, warum Dir schwindelig ist. Wen beschwindelst Du? Wem machst Du was vor? Eventuell Dir selbst? Was willst Du nicht wahrhaben? Was redest Du Dir schön? An welche mühsam aufrecht gehaltene Wahrheit hältst Du fest? Ist das, was Du nicht loslassen kannst oder willst – zum Beispiel Deine Meinung über einen anderen Menschen – wirklich die absolute Wahrheit? Warum hältst Du an Deinen Feindbildern so hartnäckig fest? Vielleicht tickert Dich jetzt eine dieser unbequemen Fragen richtig voll an. Richtig so! Bleib dabei und bohre bei Dir selbst nach. Währenddessen gehe ich nochmal kurz zurück zu den physischen Phänomenen eines beginnenden Schwindels.

Unsere Sinnesorgane im Innenohr dienen zur Wahrnehmung von Beschleunigung und zur Feststellung der Körperlage gegenüber der Schwerkraft. Sie helfen uns "im Lot zu sein". Der Schwindel auf körperlicher Ebene entsteht dadurch, dass man zum Beispiel im Flugzeuginneren oder im Inneren eines Schiffes alles als ruhig und unbewegt wahrnimmt, das Gleichgewichtsorgan im Ohr zur selben Zeit aber unterschiedliche Bewegungen meldet.

Die betroffenen Organe melden also Unvereinbares. Hier springt nun der Körper ein, um bewusst zu machen, dass der Boden schwankt. Die beginnende Übelkeit zeigt nun, dass die Situation "zum Kotzen" ist, und der Körper diese unangenehme Situation möglichst schnell beenden möchte.

Durch entsprechende Mittel, wie bereits weiter oben erwähnt, kann man diese widersprüchlichen Informationen lahmlegen, sozusagen betäuben. Aber damit behandele ich immer nur das Symptom, nicht die Ursache. Vielleicht ist die Ursache für alle Arten von Bewegungskrankheiten einfach darin zu sehen, dass jemand nicht loslassen, nicht die Kontrolle abgeben kann. Das sind durchaus spirituelle, aber ernst zu nehmende Überlegungen.

Du kennst sicherlich die Situation als Beifahrer, wo man sich hilflos fühlt und ständig mitbremst und alle Gefahren schon im Voraus erahnt und man sich nichts sehnlicher wünscht, als selbst wieder das Lenkrad in der Hand zu halten und damit die Kontrolle über das Fahrzeug zu bekommen. Oder dieses Ohnmachtsgefühl im Flugzeug, wo man den Piloten, der das Flugzeug lenkt, nicht sieht und es plötzlich ruckelt und rumpelt während eines Durchfluges durch eine Schlechtwetterzone. Dein Körper versteift sich augenblicklich, Deine Hände verkrampfen sich in die Unterarme Deines Sitznachbarn und es wird Dir schlagartig ziemlich flau im Magen. Das ist einfach zu erklären: Du bist hilflos und kannst nichts tun. Du bist im wahrsten Sinne ohne Macht. Aber das willst Du nicht. Dieses Scheiß-Ohnmachtsgefühl willst Du nicht. Dieser Kontrollverlust ist nichts für Dich. Du traust dem Kapitän und dem Flugzeug nicht mehr. Du bist nur noch ein Häuflein Elend, das versucht, mit erstarrtem Gesichtsausdruck die Contenance zu bewahren.

Die spirituelle Lösung liegt nun darin, sich einfach der Situation mit allen Sinnen anzuvertrauen, oder noch besser, sich im übertragenen Sinne der Situation zu übergeben. Einfach die Augen schließen, die Kontrolle aufzugeben und sich vertrauensvoll schaukeln zu lassen: das ist eine bewährte Möglichkeit, Schwindel und Übelkeit wieder los zu werden.

Spätestens an dieser Stelle solltest Du nun endlich wissen, dass meine Ehefrau Nummer Drei und ich schon seit etlichen Jahren als Geistheiler (für Österreich: Energetiker) und Lebenslehrer hauptberuflich arbeiten und Menschen dabei helfen, wieder in ihre Selbstbestimmung zu kommen. Wir helfen Menschen dabei, die Ursachen für ihre Leiden zu erkennen und dann die Selbstheilungskräfte zu aktivieren. Ich habe darüber Bücher und viele Artikel in meinem ganz eigenen rüpelhaften, humorvollen, jedoch auch wadenbeißerischen Stil geschrieben und veröffentlicht. Ich habe mehrere Dokumentarfilme über Geistiges Heilen produziert und ich betreibe zusammen mit meiner Ehefrau Nummer 3, Silvia Martinek, ein Heilzentrum und eine Heilerakademie in Österreich.

Meine jetzige und hoffentlich letzte Ehefrau Silvia, die ich über alles liebe, ist darüber hinaus ein hoch angesehenes Channelmedium und bekannt durch Fernsehen, Film, Presse und Musikveröffentlichungen als Seelenmusikerin. Ihr bekanntestes Werk ist derzeit ihr beim Silberschnur-Verlag erschienenes Buch „Krankheiten und ihre Ursachen aus spiritueller Sicht". Und eines der Krankheitsbilder, die sie in diesem Buch behandelt und Hinweise aus einer höheren, intelligenteren Bewusstseinsebene erhalten hat, handelt von Bewegungskrankheiten. Es wäre ignorant von mir, wenn ich deshalb nicht die Gelegenheit für dieses Büchlein nutzen würde, als spirituelle Abrundung zu diesem Thema dieses wertvolle und inspirierende

Channeling abzudrucken. Deshalb findest Du nun weiter unten als „Sahnehäubchen" obenauf das Original-Channeling aus dem vorgenannten spirituellen Ratgeber, natürlich mit freundlicher Genehmigung der Autorin und des Verlages. Und vielleicht erkennst du Dich in einigen dieser Aussagen von einer höheren Intelligenz wieder und kannst für Dich selbst einige Parameter in Deinem Leben geraderücken. So dass Du – wie auch ich und viele andere Passagiere, die mit sich im Reinen sind und ihren Kontrollzwang abgeben lernen durften – die kommende Kreuzfahrt mit allen Sinnen genießen kannst und zu einem Repeater wirst. Denn es gibt – glaube mir das einfach – nahezu nichts Schöneres auf der Welt, als dieses Paradies Erde auf den Meeren mit einem schönen Schiff zu erkunden.

In diesem Sinne: Schiff Ahoi! Und immer eine Handbreit Wasser unterm Kiel und stets eine fröhliche Brise.

Und vielleicht sehen wir uns ja einmal persönlich auf einem der Weltmeere. Nichts ist unmöglich.

Channeling zur Reisekrankheit

Von Silvia Martinek (KALEA) aus dem Buch „Krankheiten und ihre Ursachen aus spiritueller Sicht" (Silberschnur-Verlag)

„Nichts ist im Werden. Nichts ist im Vergehen. Stattdessen widmest Du Dich lieber den alten Dingen und hängst den alten Liedern nach. Lieber die Kontrolle für sich haben, als sich auf ein neues Abenteuer neu einzulassen, das ist Deine Devise. Kann doch ein Wechsel Deines Standpunktes so viele neue schöne Dinge mit sich ziehen. Warum vertraust Du nicht der Gegebenheit, dass du beschützt bist und geliebt? Lieber hältst Du an all dem fest, was Du glaubst, im Griff zu haben. Viel lieber beschäftigst Du Dich mit Dingen, die Dir bekannt und nicht fremd sind. Aber mal ganz ehrlich: Möchtest Du wirklich Dein ganzes Leben lang dieselben Geschichten hören, dieselben Bilder sehen und dasselbe essen und trinken, und das nur, weil es Dir so vertraut ist? Was würde geschehen, wenn Du Dich mal über den Tellerrand hinauswagst und mal

neue Dinge in Deinem Leben willkommen heißt, anstatt sie zu verdammen? „Weil das gut Vertraute keine
Risiken mit sich bringt", ist das Deine Devise? Warum
bist Du so unbeweglich im Denken und im Handeln?
Glaubst Du jetzt und hier ist alles erlebt und erforscht
worden? Warum hältst Du an den mickrigen Erfahrungen fest, anstatt sich mit vollkommen neuen Dingen zu beschäftigen? Loslassen - und vertrauen auf
die Genialität Deines Unterbewusstseins; traust Du
Dich?

Es hat Dich heute an diesen Ort geführt, damit Du
Dich neu erfinden kannst, indem Du neue Eindrücke
und Genüsse in Dein Leben lässt. Aber viel lieber beschäftigst Du Dich mit Deiner Reisekrankheit, als Dich
mit den neuen Eindrücken, die durch den Ortswechsel
einhergehen, zu beschäftigen und diese zu realisieren.
Viel lieber vergräbst Du Dich im Brechreiz, als den
Reiz der neuen Umgebung mit offenem Herzen aufzu-
nehmen und als neuen Bestandteil in Deinem Leben
zu integrieren, auf daß dieser neue Eindruck zu einer
neuen Wirklichkeit wird und neue Weichen für Dein
Leben formt. Würdest Du in der Ferne vielleicht Deine

Unzulänglichkeiten und Deine Unpässlichkeiten in Deinem Leben erkennen müssen und zugeben, dass Dein Leben bisher nicht besonders bunt war? Aber dieses Bild, dieses eingeschränkte Bild hast Du Dir selber geschaffen, oder besser gesagt Dein Verstand, der in Deinem Leben die Oberhand gewonnen hat. Vertraue Deinem Unterbewusstsein. Das hat Dich an diesen wunderschönen neuen Ort geführt, damit Du alle Facetten von Dir in der neuen Umgebung neu erforschen kannst. Letztlich ist alles nur ein Spiegel, der widerspiegelt all Deine Talente und Begabungen, die Du nie ausgelebt hast, weil Du Dich nicht auf neue Abenteuer eingelassen und lieber mit dem Altvertrauten kokettiert hast. Hat es Dich wirklich glücklich gemacht? Immer derselbe Trott, immer dieselben Eindrücke, immer dieselben Sitten, immer dieselben Leute. Hat Dich das wirklich zu einem glücklicheren Menschen gemacht, oder langweilt Dich dieser Umstand? Willst Du etwas Neues in Dein Leben ziehen – vergesse die alte Trauer über das Unwohlsein.

Vertraue in Deine Fügung und Deinem Unterbewusstsein, das Dich an diesen Dir neuen Ort gebracht hat, damit Du Dich in Dir erkennen kannst. Diese neuen Kleider stehen zu Deiner neuen Weitsicht und bringen eine Weisheit mit sich. Erkenne den Schöpfer in den neuen Möglichkeiten, die Dir geboten werden, indem Du die alten Bedenken und Ängste loslässt und Dich über das Abenteuer Leben freust. Lass ganz die Leinen los und wiege Dich im Glanze des Neuen. Amen.

Es sprachen durch das Medium Kalea die Geistwesen Manuel und Samuel in einer Stimme."

Über den Autor

Wolfgang T. Müller wurde 1952 als Ältester von 4 Kindern in Wick-  rath / Mönchengladbach geboren. Er absolvierte eine Einzelhandelskauf- mannslehre, heiratete bereits mit 19 Jahren das erste Mal, ging frei- willig zur Luftwaffe, blieb dort 12 Jahre und ging als Oberfeldwebel a.D. ab, machte während der Bundeswehrzeit seinen staatl. gepr. Betriebswirt, bildete sich zusätzlich als Grafiker aus, betrieb nebenher eine Versicherungsagentur und eine Werbeagentur. Machte sich nach der Bundes- wehrzeit selbständig als Versicherungsinspektor, dann als Versicherungsmakler, dann als Betriebsberater. Heiratete 2001 das zweite Mal auf Hawaii, schrieb 2003 sein erstes Buch über Versicherungen im Inter- net, dann produzierte er seine ersten Ausbildungs-

DVDs über den hawaiianischen Hula-Tanz mit seiner damaligen Frau Nummer Zwei, gründete in Überlingen am Bodensee in 2009 seine eigene Heilerakademie für alternative Heilmethoden und Energiemedizin, siedelte um nach Salzburg / Österreich und verlegte seine Heilerakademie nach Österreich. Dann ging es Schlag auf Schlag. Er heiratete ein drittes Mal. Sein erster spiritueller Dokumentarfilm „Die Heiler" ging in die Läden und ist bis heute einer der erfolgreichsten Dokumentarfilme über geistiges Heilen. Es folgten weitere Dokumentarfilme mit seiner Filmfirma Lanakila Film (siehe Portfolio) bis zu seinem aktuellsten, kinofüllenden Film „Burnout – Deine Chance zum Neubeginn". Er ist gern gesehener Talkgast zum Thema alternative Heilung im Fernsehen, Rundfunk und in den Zeitungen. Seit 2003 bereist er die Weltmeere vornehmlich auf deutschen Kreuzfahrtschiffen als Lektor und Vortragender, soweit es seine knappe Zeit erlaubt.

Dieses vorliegende Büchlein war ein Herzenswunsch von ihm, es zu realisieren außerhalb seiner sonstigen beruflichen Tätigkeit als Lebenslehrer, Mentalcoach, Geistheiler und Dokumentarfilmer.

An dieser Stelle wird nun seine Vita abrupt beendet, denn sonst könnte man alleine aus seinem extrem spannenden und vielseitigen Leben ein eigenes Buch machen. Wer mehr über Wolfgang T. Müller wissen oder ihn einmal live bei einer seiner vielen Veranstaltungen erleben will, darf sich folgende seiner Internetseiten ausgiebig anschauen:

Internetseiten

http://www.wolfgang-theodor-mueller.com

http://www.heilerakademie.eu

http://www.lanakilafilm.com

http://www.akua-events.com

http://www.makani-multimedia.com

Sozial-Netzwerke:

https://www.facebook.com/wolfgangtmueller

https://www.xing.com/profile/WolfgangT_Mueller

Auch steht Wolfgang T. Müller Hilfesuchenden in Einzelberatungen in seiner Praxis für geistig energetisches Heilen als Heiler und spiritueller Berater nach Terminvereinbarung zur Verfügung.

Portfolio

Nachfolgend ein Auszug seiner bisherigen Produktionen und Veröffentlichungen
(LANAKILA FILM, MUSIC, BOOKS & MORE):

Filme / DVDs:

- DIE HEILER – DER FILM 2012 (Produzent / Regisseur)

- HEILE DICH SELBST – Die besten und erfolgreichsten Selbstheilungsmethoden 2013 (Produzent, Regisseur und Protagonist)

- HORST KROHNE – Ich möchte wissen, um zu helfen – Portrait eins großen Heilers / 2013 (Produzent / Regisseur)

- FLY HIGH – Die Heilkraft der Musik – Doppel-DVD / 2013 (Produzent und Regisseur)

- BURNOUT – DEINE CHANCE ZUM NEUBEGINN / 2014 (Produzent, Regisseur, Protagonist)

- SCHULE DER GEISTHEILUNG – Imagefilm über die Schule und Dozenten / 2014 (Produzent)

- Q-MATRIX-HEALING – Das ultimative Quantenhei-
  lungs-Seminar (2 DVD) / 2015 (Produzent / Regisseur und Ausbildungsleiter)

CDs:

- DIE HEILER – Soundtrack zum Film Vol. 1, 2012
  (Produzent)

- DIE HEILER – Soundtrack zum Film Vol. 2, 2012
  (Produzent)

- QUANTENHEILUNG – Meditations-Musik;
  Dorotheè Fröller 2012 (Produzent)

- KALEA – HEALING – Neoklassische Entspan-
  nungsmusik; Silvia Martinek, 2013 (Produzent)

Bücher:

- VERSICHERUNGEN IM INTERNET –
  Versicherungsgesellschaften, Makler und Versi-
  cherungsportale online testen, 2003 (Autor / BOD)

- HULA, ENGEL UND HAWAII. Eine wundersame,
  spirituelle Reise in das Südsee-Paradies Hawaii,
  Gabriele Kalehua Streuer, 2002 (Co-Autor & Lektor
  / Streuer-Verlag)

- DIE HEILER – Die spannenden und berührenden Lebensgeschichten deutschsprachiger Heiler 2013 (Herausgeber und Autor / Horizon Verlag)

- KRANKHEITEN UND IHRE URSACHEN AUS SPIRITUELLER SICHT, Kalea (Silvia Martinek), 2014 (Co-Autor und Lektor / Silberschnur-Verlag)

KALEA - KRANKHEITEN UND IHRE URSACHEN AUS
SPIRITUELLER SICHT, (Silberschnur-Verlag)

„Die Erkenntnis über die Ursache Deiner Befindlichkei-
ten steht immer am Anfang des Heilprozesses, der
nur durch Dich selbst angestoßen werden kann"
(KALEA)

BURNOUT – DEINE CHANCE ZUM NEUBEGINN

Burnout ist in aller Munde. Alle reden davon, doch keiner weiß wirklich etwas Genaues. Der Autor, Filmemacher und Heiler Wolfgang T. Müller geht seit Jahren diesen Fragen nach und hat unzählige Leute hierzu interviewt. Prominente, Experten, Ärzte, Heiler und Betroffene. Er selbst war vom Burnout-Syndrom betroffen zu einer Zeit, als dieser Begriff noch nicht erfunden wurde. Wolfgang T. Müller hat sehr viel Material zu diesem Thema zusammengetragen und daraus einen bewegenden, jedoch Mut machenden Film dazu produziert. Als Heiler und Lebenslehrer hilft er unzähligen Menschen dabei, wieder in ihre eigene Spur, in ihre selbstbestimmte Lebenskraft zurück zu finden. Dabei betrachtet und hilft er den Menschen ganzheitlich und arbeitet eng mit Ärzten und Heilpraktikern zusammen. Er macht auf alternative, sanfte Heilmethoden, der sogenannten Energiemedizin, aufmerksam und hilft den Betroffenen, wieder in seine Selbstbestimmung zu kommen. Wolfgang T. Müller ist authentisch, ehrlich und schonungslos offen. Und er kennt die Hebel und die Werkzeuge, wie man Burnout in den Griff bekommt, wie man als Phönix aus der Asche aufsteigt; sich neu erfindend.